馬雅

被誤解的中美洲文明

A Very Short Introduction

The Maya

MATTHEW RESTALL
AMARA SOLARI

馬修．雷斯特爾
阿瑪拉．索拉里
著

張家瑞
譯

馬雅人
審訂

獻給馬雅族人，
感謝馬雅族人歡迎我們進入他們的家庭，
耐心且慷慨的款待我們，
並鼓勵我們研究他們的過去，
協助我們了解他們的現在。

目錄

第一章

創造「馬雅」

馬雅人建立了美洲古代史上最強盛的社會，也是人類史上最強盛的社會之一。數千年來，他們居住在（現在仍然住在那裡）包含猶加敦半島（Yucatan Peninsula）的墨西哥南部、瓜地馬拉、貝里斯、宏都拉斯北部和薩爾瓦多西部等區域。在與歐洲人接觸前的很長一段時間，馬雅人建立了宏偉壯麗的城市，擁有大量人口，豐衣足食。他們擅長視覺藝術，並發展出用來記錄曆法、數學和天文學等特別知識的複雜文字。

馬雅人並非以中央集權的方式來達成這樣的成就，他們從來沒有一個一統天下的馬雅王國或帝國，而是各地散居著許多逐漸形成、說著不同馬雅語言的族群。當歐洲人入侵馬雅的時候，那個地區裡有十幾個政體或王國。西班牙人隨後在十六和十七世紀拓展殖民地，但是並未囊括或統一整個區域，直到二十一世紀初期，那個地方仍然與現代國家格格不入。馬雅在地理上也有所區隔，因為那個地方三大區域的環境充滿了強烈的對比——從北方平坦、乾燥、沒有河流的石灰岩半島，到中部的丘陵和熱帶雨林，再到南部的火山高地。但是有一個明確、獨

墨西哥
墨西哥灣
猶加敦州
坎佩切州
金塔納羅奧州
貝里斯
恰帕斯州
瓜地馬拉
宏都拉斯
薩爾瓦多
伊薩馬
蒂奧一梅里達
馬雅潘
奇琴伊察
科巴
烏斯馬爾
馬尼
吉安娜島
圖盧姆
科蘇梅爾島
北部低地
巴卡拉爾湖
特爾米諾斯潟湖
聖麗塔波南帕克
坎德拉里亞河
諾穆爾
奎略
卡拉克穆爾
里奧阿蘇爾
米拉多爾
拉馬奈
貝里斯河
阿爾頓哈
納克貝
中央低地
帕連克
瓦夏克通
聖巴特羅
加勒比海
提卡爾
貝魯瓦卡
彼德拉斯・內格拉斯
烏蘇馬辛塔河
雅須哈
蘇南圖尼奇
佩登湖
納蘭霍
亞須奇蘭
塔雅薩爾
卡拉科爾
道斯
皮拉斯
南部低地
北部高地
基里瓜
烏塔特蘭
莫塔瓜河
伊薩帕
科潘
伊須辛切
阿蒂特蘭湖
卡米納爾胡尤
南部高地
太平洋
N
0
100 km
公里
0
62 miles
哩（英里）

圖 1　馬雅區域圖

特且魅力無窮的文明（我們稱之為馬雅文明），很肯定地在那裡傳承了數千年。

基於這些原因和他們所留下的謎團，馬雅人值得我們的關注。由於歐洲人很快地在西元一五〇〇年後出現在他們的海岸上，馬雅人的族群和他們的文化傳統，都遭到外來者計畫性的毀滅和壓制。不過在近幾世紀，西方世界奉獻了大量心力去揭開和了解馬雅的文明與歷史。然而結果是，馬雅文化被蒙上一層神祕的面紗，變成了具有魅力但被大大誤解、大量研究的對象。

在馬雅文明專業研究初期，學者們把古馬雅歷史（也就是歐洲人抵達前的歷史）區分為三大期間：前古典期（the Preclassic，有時候稱為形成期，Formative）、古典期（the Classic）和後古典期（the Postclassic）。從名稱上可以看出，這種分類法是根據演化模型而來，這種模型假定古典期的馬雅文明在文化、宗教和政治體系上，比前期和後期的馬雅文明都更複雜。在這個模型裡，前古典期被理解為基礎發展時期，而後古典期是文明衰退時期。現在有些馬雅學者則把包含了前古典期和古典期的大致期間，叫做「馬雅世」（Mayacene）——

西元前三〇〇〇年到西元一〇〇〇年之間，全球早期「人類世」時代的馬雅版本。不過，馬雅歷史時期的傳統劃分法已行之有年，所以我們會在這裡略述一下。

馬雅學者把他們的研究對象稱為Maya或Mayas，而把形容詞Mayan的用法限制在語言上。這些專有名詞往往需要限定條件，因為世界上大約有三十個不同的馬雅種族。所以，只要可能的話，馬雅學者會特別指出其種族，像是猶加敦馬雅人（Yucatec Maya）或卡克奇奎馬雅人（Kaqchikel Maya），或更大的族群，像是基切族馬雅人（K'iche'an Maya）或瓜地馬拉高地馬雅人（Maya of Highland Guatemala）。

所有的族群都由他們的語言來界定，也就是說，用倖存至近代大約三十種的馬雅語言來區分（在與西班牙人接觸之初，語言種類很可能在三十種以上）。古典期的象形文字，大部分也許來自於喬洛伊德（Choloid）語系，也就是原始的古典馬雅語（Classic Ch'olti'an），即今日喬爾蒂語（Ch'orti'，現在是瓜地馬拉

馬雅歷史時期的劃分

古馬雅歷史一般被劃分為幾個較短的主要時期，如下表所示，後方為大致相對應的西元紀年。我們把時間延伸到現代，時間記法是西元後，否則會註明為西元前，而且所指為大概的時間，即使顯示的是特定年份（例如 825 或 1520），指的也是發生變化的那個時間點前後。

古樸期 Archaic period	**西元前 8000-2000**
前古典期／形成期 Preclassic/ Formative	**西元前 2000-250**
前古典期早期 Early Preclassic	西元前 2000-1000
前古典期中期 Middle Preclassic	西元前 1000-300
前古典期晚期 Late Preclassic	西元前 300- 西元 250
古典期 Classic period	**250-950**
古典期早期 Early Classic	250-600
古典期中期 Middle Classic	600-825
古典終結期 Termial Classic	825-950
後古典期 Postclassic	**950-1520**
後古典期早期 Early Postclassic	950-1250
後古典期晚期 Late Postclassic	1250-1520
近代早期／殖民期 Early Morden / Colonial	**1520-1820**
接觸期／征服期 Contact/ Conquest	1520-1550
殖民期 Coloial	1550-1820
近代 Morden	**1820 至今**

與宏都拉斯交界處一個蕞爾之地的語言）的古代語言。猶加敦半島是最大的語言區，在歷史上以及二十一世紀初皆擁有最多語言人口——無獨有偶，它是馬雅世界裡最平坦的區域，幾乎沒有山和河流將人們分隔開來。當地人們說的是猶加敦馬雅語（Yukatek，Yucatec 是更古老且普遍的拼法），而這種猶加敦語系（Yukatekan / Yucatecan）還包括分布在瓜地馬拉的伊扎語（Itzaj）和貝里斯的莫潘語（Mopan）。

主題與奧祕

在依時間順序對馬雅的文化、政治和宗教史所做的介紹裡，我們將強調五個主題，第一個主題是馬雅的身分認同。我們所稱的馬雅人從不這麼看他們自己，在十九世紀以前，世界上尚未開始廣泛使用馬雅一詞，當時的馬雅是限於猶加敦地區的一個模糊詞彙。那麼，我們所謂的馬雅人對自我的概念是什麼？馬雅文明是怎麼「發明」出來的？為什麼那樣的發明會有用？有兩位考古學者指出，馬雅的分類是「一種虛構，但是從這個虛構中浮現了更深層的現實」。

第二個主題是政治，或是城邦政治的文化。如果從未出現過馬雅帝國——即使西班牙殖民者和現代學者常聲稱曾有帝國的存在——這些馬雅政治體是怎麼孕育和建構出來的？而在這些政治體的中心和邊界的日常生活又是什麼樣子？就大部分的馬雅歷史而言，這些問題適用於與歐洲人接觸前的幾千年。不過，將問題依入侵馬雅世界的事實來調整，也適用於接觸後的幾百年。那麼，對於近代早期和近代來說，問題應該變成，馬雅族群是怎麼存續下來的——無論他們是住在馬雅人已居住了幾千年的地區，或是從馬雅地區往外流散的？馬雅遭逢大量的殖民，但是他們在接觸期後期的歷史並非只有傷害，同時也延續了前殖民期的馬雅人適應、生存和尋求本土問題解決之道的故事。

第三個主題是世界觀與身後的世界。馬雅人是怎麼理解外面的大世界的——從中部墨西哥的其他異文化民族、侵略者到超自然的天界？與此相關的是我們的第四個主題：藝術表現。馬雅人如何從他們所雕刻、繪製、書寫和建造的東西裡反映出他們的信仰？馬雅文明最誘人、最令人著迷的地方，就是它鮮明的視覺特質。如果我們說馬雅人生活在（現在也是）一個藝術的世界裡，應該是實至名歸吧？

我們第五個主題是馬雅的「奧祕」——要探討的並非是馬雅為何而神祕，而是馬雅為什麼普遍被認為是神祕的？長久以來，西方世界對馬雅文明一直有著先入為主的觀念，認為它是一個待解之謎。造成這種觀念（使馬雅歷史變得那麼引人注目的部分原因）的諸多原因都與「消失」和「發現」的雙重現象有關。從一五〇二年的克里斯多夫．哥倫布（Christopher Columbus）開始，古馬雅不斷被西方「發現」。先是發現馬雅地區的人民和地點，無論是現存或已逝的，繼之是西班牙征服者，還有十九世紀的紳士探險家，以及近代研究馬雅的考古學先驅，接著是二十一世紀初期特意炒作各個世代的馬雅學者的發現。

其中關係最密切的是，有人相信馬雅文明帶著它神祕的知識消失了。不過這個流傳於世的觀念其實是被扭曲了，原因來自於學者對古典期末期「崩潰」現象的誤解所導出的理論。在九到十世紀，馬雅核心區域的城邦經歷了一連串變化，而且有些變化來得相當突然且劇烈，有些被遺棄的城市從此成為廢墟（或部分變成了觀光景點）。但是馬雅並未消失，而且他們的文明也沒有殞落。還有，十六至十七世紀時西班牙侵略者和致命疾病的傳播（例如之前從未出現於美洲的天花），使得各王國崩潰，人口急速減少。但是，馬雅族群和文明依舊存續至今。

距今較近的「二〇一二學」（2012ology）激發了世人對馬雅文明的興趣，它被視為古代奧祕的奇蹟，一個有待重新發現的謎團。「馬雅的預言，業經科學證實」是電影《2012》大肆宣傳的文宣之一：「對這麼多文明、這麼多宗教、科學家和政府來說，歷史上從未有過如此重大的一天。」電影對於這個題材並未太嚴肅，儘管它著重於肌膚之親，但其中也有發生於談笑間的「舊約式毀滅」（如《紐約時報》（*New York Times*）所評論）。《2012》是一部好萊塢風格的災難片，重點並不在於馬雅文明或古代預言，而是藉著一個大家普遍相信的古馬雅預言（即這個千禧年的頭十年會遇到世界末日）來吸金。

古馬雅人根據他們在天文學方面的先進知識計算出來，世界末日將發生於他們日曆上的 13.0.0.0.0 日（我們的二〇一二年十二月二十一日），信以為真的人因此心生恐懼。雖然馬雅學者堅持說馬雅人並未做出這樣的預言，但是有一種叫做「二〇一二學」的產業迅速地擴散到觀光和娛樂產業裡，同時也蔓延到電影、書籍、網路和漫畫中，背後的目的是利用神祕的馬雅知識及其潛在的重大奧祕來塑造和延續一種不安的感覺，並趁此大撈一筆。

當然，世界末日沒有發生，馬雅文明沒有結束，世人對它的痴迷也沒有。而今，馬雅族群在歷史上被人用許多方式來細分（地理、語言和年代），他們被馬雅學者定位為一個民族（但今日包含了許多馬雅種族），而且他們的文明太常被賦予神祕感，於是，對馬雅的追尋所造就的「馬雅」才是一切事情的重點。

圖 2　如果讀者知道古馬雅人預言世界末日將發生在 2012 年，便能理解這幅由丹．皮拉羅（Dan Piraro）在那一年所繪的漫畫。世人普遍被誤導，擔心馬雅的預言成真。（© Bizarro Comics）

第二章

馬雅的起源

「馬雅是從什麼時候開始變成馬雅的？」從考古學的角度來看這個問題很可能會爭論不休，因為隨著新證據的揭露，舊的證據就要被重新解讀。不過，我們仍然可以把所謂的「馬雅」文明的逐漸誕生，很篤定地做一個概略的介紹。

人類大約在西元前九〇〇〇年在那個地區落腳，到了西元前三〇〇〇年，種玉米的農夫清除了南部地區的叢林。有據證顯示，西元前二〇〇〇年至前一〇〇〇年間，村落文明普遍地逐漸朝向都市發展——譬如說，人口愈來愈密集，球場等公共建築物愈來愈大，也愈來愈多。到了西元前一〇〇〇年，跨越馬雅各地區文化習俗的共通性及複雜程度——從藝術與建築到農業和社會結構——都證明了馬雅文化已經誕生。

在前古典期的幾千年裡，隨著都市生活的逐步擴大，藝術、建築和知識產物變得愈來愈精密。舉例來說，大城市裡豎立著筆直的石柱和石碑，上頭刻著色彩鮮明的統治者肖像。隨著象形文字的發展，石碑上也出現了文字，讓這些石頭「畫布」成為表演、遊行及其他政治儀典的說明告示牌。在社會階級組織日益盛大的發展下，建築群（大量出現的平台、廣場和金字塔）也愈趨精緻複雜。城邦的統治者位於階級制度的頂端（女性統治者是罕見的情況），其次是精英或貴族，然後是商人和工匠藝術家。最後是農民家庭（廣泛的大多數），其下還有奴隸。到了前古典期的最後幾百年，馬雅社會已經發展出六到七個階級。

那麼，馬雅人自己怎麼理解他們的文明起源的？就跟全世界的人類社會一樣，馬雅的自然世界及其居民的由來有多個故事版本。在馬雅的藝術、建築以及相關的政治組織方面，宇宙起源的故事是高度本土化的，似乎是為了符合每個城邦統治階層的政治利益。在許多例子裡，馬雅各城市往往宣稱世界及其司掌的神祇是從當地產生的，難怪城市的居民都相信，當地的守護神是從該城市誕生的。

我們對於古馬雅神話史（過去的歷史與神話事件的綜合體）的知識有三個主要的證據來源，其中兩個早於與歐洲人接觸之前，另一個存在於殖民期。前哥倫布時期的來源以視覺文化形式呈現，像是手繪陶器和壁畫，以及刻在重要建築物的石碑、門楣和牆壁上，作為裝飾的象形文字。此外，殖民期以各種馬雅語言寫成的文字抄本，詳盡地描述了他們的古神話史。要解讀這些資料可能相當困難，但是一旦這些資料可以串連起來的時候，便引起關於馬雅人對世界超自然起源看法的強烈爭論。

馬雅人的創世神話

馬雅創世最詳細的版本，來自被稱為*Popol-Vuh*的《波波爾烏》手抄本中。這個以基切語（K'iche'，瓜地馬拉高地的馬雅語言之一）書寫的抄本，在二十一世紀初期收藏於芝加哥紐伯里圖書館（Newberry Library）。由道明會（Dominican Order）修士法蘭斯克・科梅內斯（Francisco Ximenez）於一七〇一年或一七〇二年抄寫下來的《波波爾烏》，可能是從一部舊基切族馬雅文正本翻譯而成的，而舊抄本寫成的時間應是在殖民初期。較早的抄本很可能是依前哥倫布時期一部以象形文字和圖畫敘事的古抄本編寫而成——但可惜的是，科梅內斯版本的故事並未將古代的視覺素材保留下來。

該抄本大致可分為三部分，這反映出它也許出自一部以上的前哥倫布時期古抄本；這部實際上為宗教性質的抄本，藉由三個部分揭露其政治功能。第一部分是「世界的起源」——詳述了地球的創造和諸神的誕生，皆由一對上古神祇特佩烏（Tepeu）和庫庫馬茲（Gucumatz）來引導，祂們被稱為「創造者」。這些神靈創造了地上的世界、陽光和所有的動物。然後神靈又希望得到尊崇，所以祂們展開了終極的創造行動，也就是人類的創造，而且試了許多次才達到完美的結果。在初次嘗試的時候，神用泥和水捏塑出人類，但是那些東西一碰到雨水便溶化了。接著，祂們嘗試用木頭來造出人樣的模型，雖然不會受到惡劣天氣影響，但他們不能說話，因此無法實踐以儀式禮敬神祇的義務。他們也馬上被毀滅了，這次是由大洪水造成的。

《波波爾烏》的第二部分是最長、也是最廣為人知的。它詳述了雙胞胎英雄胡納普（Hunahpu，一獵人）和斯巴蘭克（Xbalanque，豹鹿）的冒險事蹟。故事開始於早一代的人物，敘述男孩們的父親（胡恩·胡納普，Hun Hunahpu）及其雙胞胎兄弟（烏古·胡納普，Vucub Hunahpu）的苦難。第一對雙胞胎兄弟熱愛蹴球，他們讓沉重的橡膠球在陰間的天花板上方不停地彈來彈去，惹惱了住在地下的諸神，那個地方也就是馬雅世界所謂的「冥界」（Xibalba）。這對雙胞胎兄弟受召喚去和冥界的神比賽蹴球，但最後輸了。胡恩·胡納普的頭被砍下來，懸掛在玉米田裡。

冥界的主宰有個漂亮的女兒，名叫血月（Blood Moon），她聽說胡恩·胡納普的頭被砍下來，於是很好奇想親自瞧瞧。她溜到玉米田裡，那顆頭不但和她說話，而且還在她手掌上吐了一口唾液——然後她發現自己懷孕了。由於未婚懷孕是不被社會所接受的，所以血月的父親將她驅逐到地上，之後又派了一隻他信任的貓頭鷹去殺掉她。但是貓頭鷹放了她，並且帶回一團狀似人類心臟的科巴脂（copal）給血月的父親，謊稱是那她的心臟。

血月循著路來到胡恩·胡納普的家，她向他的母親斯穆肯（Xmucané）解釋自己懷了她的孫子，也是一對雙胞胎。這兩個孩子在他們的祖母家出生、長大，那裡還住著他們同父異母的另一對雙胞胎哥哥。哥哥們對兩位弟弟非常暴戾，但弟弟們最終以智取勝，把殘酷的哥哥們變成了蜘蛛猴。

雙胞胎英雄的機警與智慧，使他們得以掌握及運用人類和自然環境。但是他們真正的挑戰發生在少年時期，那時他們發現爸爸和叔叔曾經用過的蹴球器材，就藏在椽架屋頂上。這兩個少年就跟他們的爸爸和叔叔一樣，變得很著迷於蹴球，最後引起殺死他們父親的同一批冥界神靈的注意。同樣的，這對雙胞胎也被召喚到冥界諸神的面前，被迫忍受一連串的考驗，一切的目的都在消滅這對年輕的雙胞胎英雄。兩個男孩一次又一次地智勝冥界諸神，主要是靠著他們與生俱來的自然界智慧和知識。最後，他們終於打敗了冥界諸神。

《波波爾烏》的最後一部分是三個篇章裡最短的，它敘述創造者在最後的嘗試裡成功創造了人類。這次，他們從黃玉米粉和白玉米粉裡創造出來，所以他們能夠說話、移動、看和思考，具備尊崇諸神所需的一切元素。他們很快產生了後代，掌控後古典晚期的基切族馬雅王國，又歷經了殖民期，一直到剛進入十八世紀，《波波爾烏》譯本出現的時候。這反映出一項古老的馬雅傳統，就是他們會把統治階層串連到世界起源的故事裡，把統治者的政治權力合法化。

儘管殖民期中期是《波波爾烏》原文抄本尚存的時候，大量的視覺證據指出，同一個故事的各區域版本至少已經流傳了兩千年。早在西元前一〇〇〇年，奧梅克（Olmecs）文明（該文明在馬雅的前古典期及之前，在馬雅西部區域相當繁榮）便在現在的拉文塔（La Venta）等遺址豎立了象徵這一對雙胞胎英雄的石像。後來，大約在西元前三〇〇年，伊薩帕（Izapa，今墨西哥恰帕斯州，Chiapas）遺址的藝術家把這段故事的重點雕刻在石碑上，以視覺方式呈現出來，也就是後來十八世紀所記載的故事。最後，在古典期，產於馬雅低地及更多地方的手繪陶器，已經成為描繪相關故事場景的絕佳素材。

雙胞胎英雄早期的冒險故事「胡納普射擊七金剛鸚鵡」（Vucub Kaquix），是令人津津樂道的陶器繪畫。從一位古馬雅藝術家對這個事件的描繪中，我們

圖 3　這個彩盤所呈現的是《波波爾烏》裡的一個重大事件（坎昆馬雅博物館，Museo Maya de Cancún），雙胞胎英雄之一胡納普射擊狂妄自大的怪鳥「七金剛鸚鵡」。（照片由作者拍攝）

看到雙胞胎呈射擊姿勢，吹箭筒從他們噘起的嘴唇前伸出。七金剛鸚鵡狂妄自大，展開祂華麗的羽毛讓大家看見。根據十八世紀的抄本，這個早期的神靈太得意自負，祂相信祂飾以珠寶的牙齒和眼睛，讓祂具有和太陽相等的地位。胡納普接到指示，要讓祂從此不敢自大，於是朝祂的嘴裡射擊，打下祂的金牙。在過程中，祂的下巴被打掉，說明了金剛鸚鵡的鳥喙下部為什麼不是固定形狀的。

這一段重要的情節足以讓宮廷藝術家以最優異的藝術形式之一將它呈現出

來，這是馬雅神話在古代社會裡成為更大社會功能的一個例子。這些軼聞通常都具有教化意義，而這個例子的寓意是，不要把個人事務的重要性擺在群體需求之前。此外，這些故事的作用就像十九世紀晚期拉迪亞德・吉卜林（Rudyard Kipling）的童書《原來如此》（*Just so*），讓馬雅人很容易解釋存在於自然界的變化。

距今一千多年前，正好是古典期的巔峰期間，馬雅藝術家也採納了世界起源事件的大事紀要，不過運用的是另一種方法和媒介，即石雕象形文字。從帕連克（Palenque）遺址中心的一系列特殊碑文可看出，這種形式包括刻在當地玄武岩上數以百計複雜雕紋、排列成框狀的象形文字。以這種方式記錄神話和歷史的例子，可見於該遺址各處。不過，建造及成立於帕連克城邦第十三位統治者巴蘭（K'inich Kan Bahlam）（K'inich 指「太陽神」，Kan 指「蛇」，Bahlam 指「美洲豹」，約 684-702）時期的神廟，其碑文保存得特別好。

在選擇以這種形式敘述本土神話史的時候，巴蘭並未試圖打破地區慣例，他只是仿效先人的政治策略。自他的父親在西元六八三年過世之後，他便開始了雄心萬丈的建築計畫，結果成就了今日令人讚嘆的十字神廟區（the Cross Group）。這個建築群包含三座面內自成廣場的巨石神廟，被視為一個統合的整體，其建築風格及工藝之結合，在在表現出巴蘭的獨特統治願景。

在帕連克，每個金字塔的頂端都用石頭砌出了典型的神廟。但是每個神廟裡還嵌入了第二層結構，有點像是一處獨立的內殿。這個內殿空間並不大（十字神廟區的其中一間甚至只有二乘三公尺大），在靠後側的牆面會嵌上一整面大浮雕。雕刻內容有文字也有圖像，而那些象徵性的圖像展示了巴蘭王與各個祖先的互動。對此，我們所關心的是在創世遺址中與帕連克守護神之創造有關的象形文字——考古學者將之命名為G1、G2和G3。文字把整個建築群標示為「他的（G1的）蒸汽浴」。在馬雅的世界裡，半地下式的蒸汽浴用於各種醫療及宗教目的，但最普遍的也許是為分娩期的婦女減輕壓力。從這個標示可知，這些建築和蒸汽浴室與神聖的誕生和淨化有關。殘存的象形文字為帕連克王朝提供了詳細的系譜，簡潔地將城邦的人類統治者與該城邦守護神的血統連接起來。

進一步的古典期銘刻學證據顯示，馬雅人對於物質世界是如何建立起來的，也維持了不同的見解，說法和很後期的《波波爾烏》稍有不同。這些象形文字描述「創世三爐石」在西元前三一一四年八月十一日（學者稱之為「長紀曆」〔Long Count〕的馬雅曆起始日）豎立。

最後，在馬雅世界的極北區猶加敦半島上流傳著另一種創世的說法，不過並不像《波波爾烏》裡描述得那麼長或詳細。三個版本都尚存於《契蘭・巴蘭》（*Books of Chilam Balam*，意為「豹祭司之書」，Chilam 指「說話」，Balam 指「美洲豹」或「巫師」，也是姓名）抄本中。這些書在殖民期以猶加敦馬雅語書寫，最初是由馬雅書吏從象形文字的抄本上（趁它們遺失或被西班牙傳教士摧毀之前）翻譯過來的。城鎮間流傳的複本各有不同，而且隨著殖民期幾百年歲月的過去，版本也愈來愈多——反映出本土傳說、地域性的歷史記憶、基督教思想入侵，以及古代預言、曆法知識和藥草療法等主題上不同程度的關注。這三本包含馬雅創世神話的《契蘭・巴蘭》，其殖民晚期的複本主要來自秋馬葉（Chumayel）、堤茲明（Tizimin）和馬尼（Mani）等猶加敦城鎮。

根據《契蘭・巴蘭》，目前的世界秩序被一場發生於後古典期諸神中的兩大神靈歐旭拉呼提庫（Oxlahuntiku，十三神）與伯隆提庫（Bolontiku，九神）之間的天庭戰爭擾亂。這兩大神靈之間激起了史詩級的戰爭，最後由伯隆提庫獲勝，他把歐旭拉呼提庫的身體撕成碎片，任其飛散到世界各處。之後，一場洶湧的洪水徹底毀滅了原有的萬物。如同馬雅人所理解的生命循環，這個大毀滅迎來了新的創世紀元：五棵世界之樹撐起了新的天空，四大方位上各一棵，還有一棵在宇宙的中央，將天界高高舉起。

考古學證據

雖然古馬雅人把他們的社會創始定在西元曆開始前的好幾千年，但是學者認為，馬雅文化明確展露之時是在前古典期中期（1000-300 BCE）。這不代表該地區在此之前沒有人類居住，在奎略（Cuello）等地點的挖掘已經發現如硬土層和柱洞等考古遺跡，可追溯至西元前一二〇〇年左右。而其他遺址（例如納克貝〔Nakbe〕和索科諾奇科〔Soconusco〕）也許可追溯至西元前二〇〇〇年。這個很早期的時候被稱為古樸期，此時期馬雅地區人民的生活方式，很可能是為了取得食物而隨季節漂游紮營的游牧生活。古樸期一般是從西元前八〇〇〇年算起，但是在此之前的好幾千年，早有人（原始馬雅人，如果你喜歡這麼說的話）在這片未來的馬雅地區上居住和移動穿越，幾乎是無庸置疑的事情。

傳統上，前古典期早期（2000-1000 BCE）的判定是根據考古紀錄上所出現的第一個農業證據，尤其是玉米的栽培。跟世界上其他的人類社會一樣，這種農業發展讓人類步入稠密的定居群落，最後出現了社會階級。早期「鹼法烹製」（Nixtamalization，來自納瓦特爾語〔Nahuatl〕的nextamalli，這個字衍生自nextli，指「灰」和tamalli，指「玉米粽」。是一種把玉米糊化的程序）的發現，也是中美洲社會發展的推動力。馬雅人和其他中美洲人開始用一種由石灰水或鹼液製成的鹼性溶液，去浸泡和烹煮未去殼的玉米。除了使玉米更可口和易於碾磨，這個方法也讓玉米能夠提供膳食菸鹼酸，然後菸鹼酸和人工栽培豆裡的胺基酸結合，保障了主食裡的完全蛋白質。

所以，到了前古典期早期，已經有人類定居的村落散布在馬雅世界的某些區域中——例如在索科諾奇科附近發現栽培玉米的證據，時間可追溯至大約西元前一七〇〇年。有些學者把這些居民叫做墨卡雅人（Mokaya），然而，瓜地馬拉高地和整個低地地區（佩登〔Peten〕與猶加敦），並沒有太多證據顯示有這種早期的文化發展，其中原因有待考古學家查證。儘管如此，前古典期早期的瓜地馬拉和恰帕斯海岸平原上的村落，保留了木桿茅草屋遺跡和明確的陶器傳統，即西元前一九〇〇年到一七〇〇年的巴拉時期（Barra phase）。可從此時的陪葬品看出，葬喪習俗開始呈現社會差異。舉例來說，在維菲洛（El Vivero，今墨西哥恰帕斯州），埋葬幼童時，會在孩子額頭上裝飾一面難以取得、也很難製造的雲母鏡子。這幾百年間也出現了最早的神靈陶像（像是玉米神和雨神），意味著明確的馬雅宗教信仰起源。

前古典期中期開始於西元前一〇〇〇年左右，此時已出現許多聚落，散布在馬雅地區各處。這些早期的村落（像是貝里斯的奎略）由簡單的房屋聚落集結而成，儘管考古學家已經從愈來愈多的遺址中發現前古典期中期的紀念建築物（例如北部低地的塞巴〔Ceibal〕）。到了前古典期中期末了（300 BCE），散布在馬雅地區各處的市鎮已經開始建造紀念建築物。更大和更雄偉的公共建築，以及相關的文物，帶領馬雅進入了前古典期晚期（300 BCE - AD 250）。前古典期晚期是光芒乍現的時代，社會與文化程度愈趨複雜，如三個重要遺址的出土文物所揭露的：卡米納爾胡尤（Kaminaljuyu），部分埋在地下的現代瓜地馬拉城；聖巴

圖 4　玉米神從被繪成獸嘴的山洞口收到大地的產物，臨摹自聖巴特羅壁畫，房屋北檐。（插圖：Heather Hurst）

特羅（San Bartolo），位於瓜地馬拉低地；以及米拉多爾（El Mirador），位於靠近墨西哥邊境的瓜地馬拉北部。

這三個遺址中，卡米納爾胡尤具有最早的居住史，人類至少在西元前一五〇〇年就在那兒定居了。在當時，它只是一個村落，但是隨後在前古典期晚期出現了迅速的都市發展。最早的考古學家將這個時期命名為「米拉弗洛雷斯」（Miraflores），當時出現了儀式性建築，並且以土墩和廣場來劃定範圍。紀念性的藝術品，像是石碑和祭壇／王座散布於遺址中，其中許多都有早期的象形文字。這麼精密複雜的視覺和空間證據顯示，卡米納爾胡尤已經建立了政治和社會階級，以及擁有多餘的農產品能夠養活全職工匠、設計師、建築師等。這個城市對於前古典期晚期的馬雅世界，很顯然發揮了政治、文化和經濟影響力。舉例來說，從卡米納爾胡尤出土的象形文字和雕像上的複雜圖像，暗示了統治權被視為半神權，擁有接近神靈和神聖知識殊榮的先決條件。這種觀念在其後的數百年裡，主導了馬雅區域各地的政治思維。

瓜地馬拉高地的卡米納爾胡尤儘管相當引人注目，不過在政治上主導馬雅低地的是前古典期晚期最大的遺址，位於瓜地馬拉北部的米拉多爾。事實上，到了西元前三〇〇年，米拉多爾地區已經存在著許多前古典期城市，包括修爾納（Xulnal）、卡拉克穆爾（Calakmul）、庭塔爾（Tintal）、瓦卡納（Waknal）和納克貝。他們所建構的政治網路，便是考古學者主張在西半球出現的第一個政治經濟體。

早在西元前六世紀便有人類定居在米拉多爾，這個地方的文明在大約西元前四世紀達到巔峰。它是西半球近世最龐大的城市，廣闊的建築面積最終在古典期達到三十八平方公里。至此，馬雅文明晚期的所有特點都躍然呈現。舉例來說，區域性的公路網路或「白路」（猶加敦馬雅語為 sacbeob），將米拉多爾與該地區的其他大城市連結起來，同時，區域間活躍的貿易網路帶來了外地商品，例如來自加勒比海和太平洋的貝殼，源自墨西哥中央高地的黑曜石，以及從瓜地馬拉南部伸入城區的莫塔瓜河谷（Motagua River valley）所產的翡翠，供給高階的社會和政治階層使用。包含「浮園耕作法」（chinampas）的龐大農業系統，有助於為城市裡及城市附近的家庭提供食物。此時的馬雅人在數學方面已經有了程度相當高的發展，包括把零當作一個明確的概念。

米拉多爾最早期的神廟結構，其建築和藝術方面的精密程度格外令人讚嘆。其中最大的「虎殿」（El Tigre）和「丹塔」（Danta）具有傳統形式的特點，是一個巨大的金字塔形狀基底，其上還建有三座小神廟。這種設計與「創世三石」的神話有關，顯示在早期的歷史上，建築設計受到世界觀影響。最大的建築物丹塔，基座占地六百乘三百三十公尺，向上延伸達七十二公尺，直聳入雲，容積共約兩千八百萬立方公尺。這些塗了灰泥和鮮豔紅色顏料的建築物，也有複雜的建築雕塑。藝術家創造了立體浮雕，大約完成於西元前兩〇〇年，包含了豹掌和類人面具等裝飾圖案。

二〇〇〇年代初期最震撼的考古學發現，也許是考古學家威廉·沙圖諾（William Saturno）在瓜地馬拉聖巴特羅意外發現的1號建築（通常就叫做「壁畫」，Las Pinturas 或 The Paintings）。隨著後續田野考古進行同時期文物的出土和保存作業，壁畫被揭露於世人眼前。溯及西元前三〇〇年的事實，徹底改變了馬雅的研究，迫使學者重新討論相差了大約兩百年的「馬雅曙光」。從壁畫的視覺及技巧精密程度可知，早在這些畫作產生的數十年前，便已發展出地域性和相關的圖像系統。因此我們必須徹底改觀，馬雅文明現在要往回推到更早的時間——而且或許還要再往前推。

壁畫原本是圍繞著小建築物內牆上半部的，但是只有北側、西側和東側的部分被保留下來。牆上呈現的是精心繪製的神話場景，以紅色及黃色繪製神靈和其他物件，以黑色勾勒出微妙生動的細節。眾場景形成一種連續性的描述，呈現出與統治者登基相關的創世時刻，很類似於十八世紀的《波波爾烏》裡所描述的故事，但並非一模一樣。聖巴特羅壁畫以玉米神的傳記故事為中心，各種場景的複雜性和具體性，展現出精心編造和成熟的神話系統。

在一個場景中，玉米神得到來自於一座山的贈禮，馬雅人將這個神話裝飾圖案稱做「花之山」。蛇的身體構成了作品的基線，上頭有八個類人，牠張開的嘴變成山洞的入口。一名女性跪在洞口，把裝著玉米粽的瓶子交給一名男性。接著，這名男性轉身朝向圖畫中最巨大的角色，玉米神，獻給祂一株開花的葫蘆。然後這位主角往左肩的方向瞥過去，看著另外兩個跪著的人類，他們伸出手臂，準備收下那株開花的葫蘆。有趣的是，這個玉米神看起來很像在墨西哥灣沿岸奧梅克地區發現的早期神靈圖像，顯示馬雅與其西部海岸的鄰居在前古典期有持續性的文化交流。

這個場景存在於西元前三〇〇年的一個小神廟裡，意味著後來被學者拿來界定古典期的文化特徵，早在原本假定的馬雅社會巔峰期之前的數百年便已經發展成熟。把神話史和考古證據擺在一起比較，是一種艱難但富有成效的方法，讓研究馬雅的學者更容易理解馬雅的起源。關於早期的馬雅歷史，愈來愈明朗的一點是：得到文字和實質性證據充分支持的，既非神話也非史前時期，而是歷史。

第三章

神權統治

西元六九五年一月二日，一位名叫瓦沙克拉胡恩・烏巴赫・卡維爾（Waxaklajuun Ubaah K’awiil）的馬雅王子登基繼承了科潘（Copan）的馬雅政權，我們應該暱稱他為十八兔，因為馬雅學者已經這樣稱呼數十年了（儘管學者現在了解到，他名字的意思是「K’awiil 神的十八種樣子」）。在成為 ajaw（君主或國王，複數形式為 ajawtaak 或 ajawob，在殖民期寫做 ahau）之後，十八兔立刻主持他父親的葬禮儀式，包括精心打造今日稱之為「翡翠宮」（Esmeralda Structure）的神廟。其後十三年間，十八兔統治了包含好幾個附屬城市的廣大領土，監督錯綜複雜且不斷擴展的貿易網路，並且發揮創造力，在首都進行大規模的都市更新計畫。「大廣場」（Great Plaza）便是更新計畫下的典型代表，它是用來舉行儀典的空間，包括七個刻在石碑上、比實體還大的十八兔雄偉雕像。

但是十八兔所統治的盛世戲劇性地落幕了。這個偉大的國王在戰爭中被俘，於七三八年五月三日被獨立城邦基里瓜（Quirigua）的統治者卡克底里・強・尤帕特（K’ahk’ Tiliw Chan Yoppat）依例處決。他的死為十八兔家族在該地區長達

圖 5　一位考古學者繪製出想像中的、卻又極為準確的科潘典禮核心；清楚呈現出幾個大廣場、高聳的石砌神廟以及球場之間的空間關係。（© Peabody Museum）

五百年的統治劃下句點。

這位十八兔（最為人所了解的馬雅君主之一）的微傳記，洩露了古馬雅文明在社會、政治和宗教上的精密複雜程度——尤其是古典期的數百年間（約 250-950）。馬雅知識文明（其文字系統、數學、天文學，以及精密的建築結構和小型藝術品，例如手繪陶器）的發展，與馬雅統治權的演進有著密切的關係。由於馬雅社會及相關文化傳統在古典期的幾百年間變得愈來愈複雜，統治權後來便與神的概念產生連結。因此，十八兔不僅是一位君主，而且是聖主（k'uhul ajaw），即「上天授權的君主」。在古典期，馬雅的統治者往往是上天授權的君主，在起源上與創造世界的神靈有所關聯，他們便將自己的血統直接上溯至神靈。他們被理解為，掌控人類生存所仰賴的自然和超自然世界的人。

城市、皇室核心與王朝

我們能夠很準確地肯定馬雅統治者和其他貴族生平大事的年代——往往精確到發生的日期。這是怎麼做到的？是由於馬雅人在前古典期晚期（300 BCE - AD 250）所發展的曆法和文字系統的結合，尤其是將文書運用於我們稱之為長紀曆的曆法。

西元三世紀出現了以長紀曆註記重大事件的方法，是界定古典期開始的關鍵性文明發展之一。雖然被當成界定古典期的特徵，不過現在廣為接受的論點認為，長紀曆在當時已經被使用了幾百年，也就是甚至早在前古典期晚期開始、西元前一世紀左右時就在使用了（馬雅工匠在恰帕德可佐〔Chiapa de Corzo〕遺址雕刻的2號石碑，記載的日期相當於西元前三六年）。儘管長紀曆出現得這麼早，當它開始被廣泛運用於記載公共大事時，才迎來了馬雅歷史的古典期。

這個計算時間的線性系統基礎是一年三百六十天，起始日期為西元前三一一四年八月十四日。學者一直無法判定，到底馬雅人相信那個起始日發生了什麼事情，它甚至早於馬雅社會出現的時間。時間從西元前三一一四年的起始日開始向前行，它的基本單位是「金」（K'in）。從馬雅人的觀點來看，「金」是太陽繞行地球一圈的週期（二十四小時，或一天）。長紀曆的日子是從一系列的週期計算而來，週期一個比一個長——二十金等於一烏納（winal），十八烏納為一盾（tun，三百六十天），二十盾為一卡盾（k'atun，七千兩百天），二十卡盾等於一伯克盾（bak'tun，十四萬四千天）。比較罕見的是，馬雅人記錄了長到讓人難以置信的時間週期，像是代表了兩千三百萬天的巨大單位阿勞盾（alawtun）。

馬雅藝術家特別創造出有數字附加其上的象形文字，以數字和文字的組合縱列書寫，用以標示長紀曆內容。例如，相應於西元六三七年的一個日期，會被記為9.10.5.0.0，即從西元前三一一四年算起的九伯克盾（一百二十九萬六千天），十卡盾（七萬兩千天），五盾（一千八百天），零烏納和零金。線性的時間系統使學者能夠換算成我們曆法的時間，讓古典期的馬雅人擁有——對於其他美洲原住民來說，不可能出現的——以歷史為基礎呈現的圖表和編年。

除了長紀曆以線性計算時間的方法，馬雅人（連同大部分的中美洲文明）也觀察到我們稱之為「曆法循環」的週期性曆法。週期性曆法的兩種計日法分別叫做「卓爾金曆」（tzolk'in）和「哈布曆」（habb'）。卓爾金曆由十三個數字分別與二十個天的名字配對（例如，一姆路克到十三姆路克，一歐克到十三歐克……），因此總計有兩百六十天。哈布曆比較長，總共有三百六十五天，分為十八個月，每個月二十天，再加上一個唯一只有五天的月份。這兩個曆法同時運

馬雅曆與世界末日

馬雅的神祕結束勾起西方世界對其執迷不已的聯想，再結合精密複雜的古馬雅曆，而鞏固了「2012 學」——一種轟動全球的特殊景況，隨後引出馬雅人預言世界末日的假定。

馬雅學者不經意地播下了 2012 學成長的種籽，因為他們推斷，馬雅長紀曆多採二十進位法，產生了每四百年一次的預兆轉折點——就像我們曆法的十進位制，會產生對我們而言很重大的世紀和千禧年的開頭和結尾。古馬雅人活在長紀曆的 13 個四百年裡——從西元前 3114 年 8 月 14 日到西元 2012 年 12 月 21 日（都是 13.0.0.0.0）。其實學者也只是隨意猜想：會不會……在馬雅祭司的想像裡，大週期的結束代表著現今世界的末日？

1996 年，托圖格羅（Tortuguero）小遺址石刻文字的初步判讀結果被貼到網路上，並且舉出，日期 13.0.0.0.0 是「黑暗降臨」的時間。這被解讀為世界末日的預言，儘管原本的碑文學家馬上宣布撤銷。隨著 2012 年的接近，學者解釋，托圖格羅石刻文字所記載的是建築題辭，並非預言或者兩千年來西方（而非馬雅）文明一心想著的世界末日問題。在十六世紀，胸懷千禧年熱的方濟會（Franciscan Order）傳教士來到征服者在馬雅所建立的殖民地，他們深信，讓土著皈依基督是令基督再臨、刻不容緩的首要事務。馬雅精英吸收了方濟會末日觀的某些元素——在猶加敦尤其明顯——然後融入到殖民期文學裡，像是《契蘭．巴蘭》。幾世紀之後，2012 學把這類文字當做馬雅世界末日主義的證據，就像他們濫用托圖格羅石刻文字一樣。

用，所以要達到卓爾金曆裡特定數字／天名與哈布曆裡的特定一天的相同組合，會需要一萬八千九百八十天，即五十二年。就像長紀曆的視覺表現一樣，馬雅藝術家和書吏利用附在象形文字旁、代表各種日子和月份的數字符號的組合，來記錄週期曆的日期。

古典期文字裡所提到在曆法上的里程碑包羅萬象；除了數以千計的其他馬雅文字、雕刻品和文物，曆法的記錄也揭露了一個並未心繫世界末日的文明。相反的，古馬雅人很關注繁殖力與成長，以及生命和農事的週期；在時間方面，他們關注它的測量法和恆久性；他們也關注於地點的永久性和地方認同的深根性；以及關注於自然和超自然世界平穩接合的方式，才能形成一個人類、動物、祖先和神靈共存的世界。

到了西元三世紀，也就是古典期開始的時候，我們已經能夠提到完全成形的馬雅政體（有些人會說城邦）。每一個強大的政體都包含了一個首都，以及獨立的城鎮與鄉村所組成的網路，這些城鄉與首都之間有明確的經濟關係——例如科潘和基里瓜。在那樣的經濟關係中極為重要的是，首都可以得到進獻的貢品，像是作物、工藝品和勞力；而附庸的城鄉所得到的回報是免於飢餓和外來攻擊的保障，以此法來鞏固中央和地方的互惠結盟關係。這種結合被表示和理解成一種神聖的關係，由上天授權的首都君主來守護。

用來界定前古典期的文化特點，在古典期裡變得日益複雜。建築革新技術被標準化，最好的例子是石磚上托拱頂（stone corbeled vault），這種改造拱頂是由層層向內堆疊的石磚所組成。馬雅的建築師用上托拱頂來專門創造政府、行政機構和宗教建築物的內部空間，例如置於金字塔頂端的小神廟。隨著金字塔愈蓋愈高，建築師愈發設法從拱頂和塗上灰泥的彩繪頂冠（roof combs）來讓神廟從裡到外都變得更大（或至少讓它們看起來更大）。早期的都市規畫是根據統治者的品味或突發奇想而建造的，往往導致愈來愈多的標準化和有序空間——像是空曠、開放式的廣場四周都圍繞著紀念性建築物。從熱帶氣候中倖存下來的少數建築繪畫，揭露了藝術家在創新的著色法、擁擠的構圖和表現手法（例如自然化的人類形式）等方面的嘗試。同時間——也許對馬雅歷史來說是最重要的——象形文字達到幾世紀以來最精密複雜的程度。

最為人所知的遺址（例如科潘、提卡爾、卡拉克穆爾和帕連克）都屬於這個時期。所有這些建築物、紀念碑、雕刻日期、文字和壁畫的目的，都在於使首都及其統治王朝——最重要的是城邦和王朝的化身，也就是上天授權的統治君王——增添光彩。城邦和王朝是相互交織的，是彼此的特點。在與歐洲人接觸的時期，許多王國都以其統治王朝命名。在猶加敦北部，切赫佩奇（Ceh Pech）和坎佩奇（Can Pech）都以佩奇王室（Pech dynasty）命名，圖圖爾修（Tutul Xiu）和卡布爾（Cupul）以其統治者命名，阿金切爾（Ah Kin Chel）和奇金切爾（Chikinchel）大致是普里斯特切爾（Priest Chel）和韋斯登切爾（Western Chel）王國。從後古典期晚期到一六九七年統治南部低地的王國，叫做佩登伊察（Peten Itza）或塔伊察（Tah Itza），可以翻譯為伊察王國或伊察人之地。我們現在知道，那種模式是至少一千年以前的一項傳統：一千年以前在相同的南部低地，以卡拉克穆爾為中心的王國以其聖主命名，叫做卡努（Kaanul，「蛇」之意）；在接觸時期，有一個猶加敦地區的王國使用了同一支家族姓氏（Canul，殖民時期的拼字法）。

城市設計的特點（例如上托拱頂、階梯金字塔、球場、宮殿建築群和廣場）讓人一眼就看出這些是馬雅城市，儘管它們已經建好了幾千年，或隔了幾千年才建立。世界上沒有兩個一模一樣的馬雅城市，每一個都見證了其地區環境的可能性和極限，也見證了當地的優先考量及其統治者、建築師和藝術家的個人靈感。

特奧蒂瓦坎

馬雅歷史的主題之一，就是西方民族不斷入侵馬雅地區（尤其是來自於我們所謂的中部墨西哥）。的確，馬雅地區最早的居民是從那個方向遷移過來的，從那之後，每隔一段時間就有人進入馬雅地區——無論是短期停留的商人、尋求安身處的流亡者，或是具侵略性的入侵軍隊。然而，這些歷史事實不該被錯誤地解釋為馬雅是「外來的」，或者很容易被征服，或者他們的文明是從外面傳入的。相反的，馬雅文明是土生土長的，而且其東、西部之間有所差異。不過馬雅世界肯定受到外來人民、文化和物質的影響，這些東西被吸收了之後，就變成了文明發展過程中的一部分。

這類接觸最重要的例子發生在四世紀，中部墨西哥大城特奧蒂瓦坎（Teotihuacan）是該區域具有重大影響力的角色，發跡於進入西元紀年之際，經過六個世紀的不斷擴張，最後成為美洲最大的城市中心。居民在十萬以上，或許甚至達到其兩倍之多，生活在井然有序的街坊間，範圍有十幾平方英里，中央是宏偉的大道和巨石金字塔——到了二十一世紀初仍然屹立不搖（墨西哥最迷人的觀光景點之一）。我們並不知道特奧蒂瓦坎帝國的延伸範圍，但是可從它的規模、富庶和留存下來的藝術品中所展現的尚武精神窺知一二。此外，那種藝術風格的許多特徵，在四世紀時已經開始出現於馬雅世界裡。

在有些情況下，特奧蒂瓦坎和馬雅城市之間關係的本質，顯然大部分是經濟和外交方面的。很快的在西元四〇〇年後，瓜地馬拉高地的許多城邦都與特奧蒂瓦坎建立了聯盟關係，也許甚至成了經濟夥伴，而馬雅南部的城市在功能上就成了特奧蒂瓦坎的貿易飛地。從考古學的角度看來，這種文化接觸很明顯地反映在像是卡米納爾胡尤等城市的建築風格突然轉變。最明顯的是，這個時期（馬雅學者稱之為「艾斯佩蘭薩」，Esperanza）的紀念性建築反映出馬雅和特奧蒂瓦坎兩種傳統的混雜，馬雅建築師和石匠援用了特奧蒂瓦坎的斜面（talud）／平面（tablero）風格。舉例來說，該遺址的衛城結構，其特色是愈往上方平台愈小，由向內傾斜的面板（斜面），層層疊加上不同大小的平台（平面）所組成。此外，在卡米納爾胡尤的兩個墓地裡發現了無疑是中部墨西哥風格和配色的陶瓶，使用的是特殊的塗灰泥技術，繪製的是特奧蒂瓦坎的本土神祇——例如暴風雨之神，一千年後的阿茲特克人（Aztecs）稱之為「特拉洛克」（Tlaloc）。

截然不同的文明接觸故事也出現於瓜地馬拉北部的佩登城市，如提卡爾（Tikal）、瓦夏克通（Uaxactun）和沙弗利卡雅（La Sufricaya），另一種特奧蒂瓦坎與馬雅的混雜文化（有時候以其製陶藝術來暱稱之為薩克爾，Tzak'ol）興盛於四世紀末到六世紀初。它的起始點有一個特定的日期：三七八年一月十六日，自一世紀起統治提卡爾的王朝，其第八位君主查克托克伊恰卡一世（Chak Tok Ich'aak I，大豹爪）在那一天去世。他必然是橫死的，因為根據鄰近的瓦夏克通的兩塊石碑，就在那一天，希亞赫卡克（Sihyaj K'ahk'，火之生）「到來」。這個重大的歷史事件也記載於提卡爾的三十一號石碑上。不久，希亞赫卡克安排新的統治者亞須努阿因（Yax Nuun Ahiin）繼承提卡爾的王位。四號石碑所描繪的是新統治者的登基大典，他在石雕上的肖像，是以特奧蒂瓦坎的習俗以正面示人（馬雅雕刻人像的傳統為側臉），四周圍著其他中部墨西哥的代表圖案，例如扇貝項鍊和中部墨西哥雨神的圖像，同時融入了馬雅本土的基本圖案，例如冥界的豹神。

有些考古學家推測，這個男孩統治者亞須努阿因（「第一鱷魚」，又叫做「捲鼻王」），是遙遠的特奧蒂瓦坎的帝王之子。這件事情不管是真是假，總之，他開啟了一個統治提卡爾將近兩百年的王朝。其他鄰近的城區看來也接受了與特奧蒂瓦坎有關的統治者——最明顯的是提卡爾的近鄰，北方的瓦夏克通——而且有很充分的證據顯示，在古典期早期的這幾百年裡，中部墨西哥和馬雅中部地區之間有很密切的貿易往來。特奧蒂瓦坎的影響，也許是某種政治主導權，甚至向北延伸到猶加敦——如猶加敦半島普克（Puuc）地區幾處遺址中的古典期早期石雕及其他證據所示。

特奧蒂瓦坎的政治和文化影響也延伸到更遠的南方和東方，最遠達到科潘城。在那裡，亞須庫摩（K'inich Yax K'uk' Mo'，意思是「偉大的聖島長尾金剛鸚鵡」）於四二六年成立了一個新王朝，他也來自於西方。因為考古學家已經挖掘出他和遺孀的墓塚，也因為他的後繼者命人以紀念碑和文字頌揚他，所以我們知道亞須庫摩與特奧蒂瓦坎有密切的關係，他也許甚至以王室代表的身分統治過那個帝國。但是骨骼化學分析顯示，他成長於馬雅心臟地區的佩登，在提卡爾或附近地區[1]，而且他建立的是馬雅王朝，不是特奧蒂瓦坎王朝——的確，他開啟了馬雅歷史上最偉大的神聖王朝之一，其後十六位繼承者都是「上天授權的聖主」（K'uhul ajawtaak），一直統治科潘到八二〇年。

假如科潘與特奧蒂瓦坎的關係是間接的，那麼佩登與特奧蒂瓦坎之間的關係看來比較直接，但是隨著帝國在六世紀的衰退，這樣的關係也被切斷了。這兩個事件誰是因誰是果尚不清楚：與提卡爾結盟的城邦卡拉科爾（Caracol）轉而加入提卡爾的宿敵卡拉克穆爾，然後在五六二年攻陷提卡爾；同時特奧蒂瓦坎的國威日趨式微，到了同一世紀末，這個作為首都的城市已被攻陷。

馬雅的軍事衝突

我們不該錯誤地解讀特奧蒂瓦坎在馬雅古典期早期歷史中的重要性，把它想像成來自中部墨西哥的入侵者，以武力侵略愛好和平的馬雅。然而，我們可從許多舊教科書上看到這樣的誤解：在二十世紀的大部分時間，馬雅學者把馬雅統治者想像成觀察星象的祭司國王，很少發起戰爭。但是在二十世紀後半期隨著象形文字的解密，對馬雅戰事既定的看法完全被翻轉。現在的理解是，馬雅所發動的戰爭不比其他族群少。的確，馬雅世界裡的軍事格局是國王重要性的一種表現。

審訂註1　這裡牽涉到一個考古學研究的問題。不僅亞須庫摩檢驗出來不是特奧蒂瓦坎長大的人，亞須努阿因的鍶同位素也顯示他早年生長於馬雅地區。後來考古學家利用銘文的記載，了解到亞須努阿因繼位時只是個小孩子，所以檢驗結果才會呈現幼年在馬雅地區生長。亞須庫摩根據銘文，聲稱與希亞赫卡克有關聯。但是希亞赫卡克入侵提卡爾的事件，距離亞須庫摩有五十年，很難讓研究者相信兩者有很強大的關聯。因此，就算亞須庫摩真的是特奧蒂瓦坎人，至少青年時代就已經到了馬雅地區，所以才會出現他成長於佩登的情形。

戰爭可說是馬雅人生活中的一部分，雖然馬雅人大部分的時間都過著和平的生活，但是一個馬雅男性或女性，不太可能到老都不曾經歷或目睹過戰爭。馬雅發動戰爭的主要目標是：俘虜。當敵對的國王或戰事領袖被擄獲（chuhkaj）之後，便以文字寫下勝利的紀錄。戰爭的勝利也被刻畫成取得或「擊落敵人的盾牌和堅硬的武器」（jubuy utook' upakal），「燒毀」（puluy）城區，敲碎和埋沒紀念碑。戰爭俘虜所受到的待遇各有不同，但一定會有儀式和典禮——從精心製作的服裝到軍事音樂，從戰爭前的準備到戰後的死刑和慶典，因為戰爭對馬雅人而言是極為講究的事情。有時候俘虜會受到折磨（如波南帕克的壁畫所描繪的囚犯被拔掉指甲），也可能被迫參加以死亡為預設結果的球賽，或是脫光衣服之後用預先準備好的紙做裝飾，然後斬首示眾。在好幾個遺址的碑文中不時出現這種令人心氣激蕩的措辭：「血流成河，頭顱堆積如山」。

戰爭使馬雅人分裂得壁壘分明，不過也把他們連結在一起。以彼德拉斯・內格拉斯（Piedras Negras）和亞須奇蘭（Yaxchilan）兩個王國為例，它們都坐落

圖 6　圓柱形彩色花瓶全覽圖：勝利的馬雅戰士在遊行中展示他們的戰俘（美國德州金貝爾美術館）。（© Justin Kerr [#K638], in Kimbell Art Museum [APx1976-16]）

於烏蘇馬辛塔河（Usumacinta River，在二十一世紀初期是瓜地馬拉和墨西哥的邊界）河畔。神權統治的文化在四世紀傳到那個地區，舉例來說，在古典期統治亞須奇蘭的王朝宣稱在三五九年建立了該城市。接下來的四百五十年，亞須奇蘭與其近鄰發展出複雜的貿易、通婚關係和間歇的武裝衝突，尤其是和彼德拉斯・內格拉斯——約在下游三十英里處。

在七世紀末的數十年裡，彼德拉斯・內格拉斯在該區域占盡優勢，亞須奇蘭的國王盾豹三世（Shield Jaguar III）需臣服於首府的「上天授權的聖主」。但此時也是人口成長的時候，為取得控制貿易路線的傳統競爭而增加了衝突。結果到了八世紀的時候，兩個城邦在彼此之間建立起新的邊城和防禦圍牆以鞏固邊境。之後邊界延伸到今日墨西哥那一側的河谷，那裡的小城邦被選為、或被迫成為抵禦彼德拉斯．內格拉斯或亞須奇蘭覬覦的據點。

盾豹三世的繼承者在七四二年繼位，也臣服於彼德拉斯．內格拉斯的國王，但我們只能從該城市的一塊紀念碑得知他的存在。根據紀念碑的記載，亞須奇蘭的統治者在那兒是一個附庸國訪客，也或許就是人質。到了七五二年，盾豹三世的一個兒子加冕成為亞須奇蘭君主，即鳥豹四世（Bird Jaguar IV）。他幾乎摧毀了所有前人統治的可恥紀錄，強化亞須奇蘭邊境以抵禦彼德拉斯．內格拉斯，並且發起數十年的戰爭來抵抗強勢的鄰國——數年後，八〇八年彼德拉斯．內格拉斯被攻陷，其國王被亞須奇蘭國王塔布．骷髏頭三世（Tatbu Skull III）俘擄，戰事告終。

也許有人預期，這樣的勝利會迎來亞須奇蘭的和平統治與其輝煌的天朝時代。誠然如此，但邊境的防禦工事似乎因此荒廢，城鎮也開始沒落。引發戰爭的因素，例如國家遭受更多的壓力，顯然結合了戰爭的顛覆性效應，導致侵蝕君王體制權威。被俘擄的彼德拉斯・內格拉斯國王，是該城市最後一位被刻在紀念碑上的不朽聖主，不過塔布・骷髏頭三世也是亞須奇蘭的最後一位聖主。亞須奇蘭根本不是被廢棄的，而是失去了一個真正的政治中心。沒有戰爭來激發它在地方上的優勢，城市便失去生氣，人民也如同一盤散沙。

與鄰國之間的區域性戰爭是一種控制性的武力對抗，係由君主政體驅動與支持。在古典期它有助於不同區域的合併——直到它暗地裡促成神權統治時代的結束。並非偶然的是，在古典期政治體最為繁榮的中部馬雅地區，兩個密集的戰爭期影響了古典期神權統治政治文化的興衰：一個在三世紀，另一個在九和十世紀。

神聖的女王

古馬雅統治階級的歷史一直由男性主導，不過馬雅女性也在政治和宗教上扮演了具體的角色。象形文字的解譯有助於揭露這些歷史角色，事實上，隨著每一個女性高階統治者的新發現，我們更有責任去討論中性的「神聖的君主政治」（Divine Monachy），而不是偏向男性視角的「神聖的國王」（Divine Kingship）。

卡貝爾夫人（Lady Kabel，睡蓮之手公主）是上天授權給女王的一個例子，她是卡努王朝（又稱蛇王朝）的成員，他們家族統治著帝國的首都卡拉克穆爾。一塊殘存的石碑上刻著她的肖像（圖7，考古學者標記為三十四號石碑）。儘管殘塊經過洗劫而受損，在馬雅學者還無法研究它的時候，上頭清晰的文字已足以讓碑文學家找出其來源（經過劫掠的東西通常無法如此）。

卡貝爾夫人的丈夫是巴蘭二世（K'inich Bahlam II），雖然位階較低，但也

圖 7　這塊石碑可以追溯到西元 692 年，刻畫的人物是卡努王朝的卡貝爾夫人，也是西元七世紀末貝魯瓦卡的統治者。她丈夫的石碑與這塊石碑是成對的，原本一起樹立在金字塔陵墓前，功能就像是皇室肖像一樣，現藏於美國俄亥俄州克利夫蘭藝術博物館。（© FAMSI, in Cleveland Museum of Art [J. H. Wade Fund 1967.29]）

出身於貴族家庭。他們共同統治卡拉克穆爾的一個附庸城貝魯瓦卡（El Perú-Waka'）。如她雕像上的象形文字所述，卡貝爾夫人擁有「至高女戰士」（Ix Kaloomte）的稱謂，是王室中最高的階級（迄今為止，另有五名馬雅女王也被授予這個頭銜）。這個特殊稱號的含義引起某些考古學家去思考，這位女王也許曾經親自上戰場率領戰士抵抗卡拉克穆爾的首要對手，提卡爾。

卡貝爾夫人卒於七〇二年至七一一年之間，埋葬在該城市最大金字塔（Structure M13-1）的石造地下室裡，裡頭有十多件上等的陪葬品，包括製好的玉塊，數件裝飾精美的陶器，以及繪製成戰士盾牌的陶盤。也許最能證明卡貝爾夫人傳說的是，在她死後兩百年，馬雅人在他們女王的最後長眠之地建立了一個聖壇，獻上精心製做的小裝飾物、哨子、貝殼等。

雖然卡貝爾夫人並不是貝魯瓦卡本地人，但圖形和文字證據都指出，她的地位在她的丈夫之上。事實上，她的階級也許部分源自於她的非本地血統，使她得以鞏固卡拉克穆爾與貝魯瓦卡之間的聯盟。她不僅獨得「至高女戰士」的頭銜，她丈夫的肖像石碑（原本立在該城市的大廣場上，就在她的石碑旁邊）也沒有使用相同等級的立體浮雕，讓卡貝爾夫人的雕像在視覺上更為顯著。只有她得到宮廷侏儒的伺奉，並且穿戴著以玉珠串成格子紋、屬於男玉米神特色的衣服。

卡貝爾夫人的服裝選擇，和我們大多了解的馬雅如何看待男性及女性的角色互補有著密切的關係；儀式和典禮同時需要男性和女性，才能有效和圓滿。如果在政治及宗教儀式上都是這樣的話，那麼在馬雅王室中心的統治權方面也可能是如此。若是這樣，馬雅的君主政體就是國王與女王的相互依存制度，而不是國王和女王的階級制度。

世界末日首部曲：古典期的「崩潰」

到了八世紀的文明發展，馬雅世界經歷大眾所謂的「崩潰」。現在仍然有人這麼說，即使有些馬雅學者也是，但是大多數的學者現在把它當作一種誤稱。馬雅文明並未分崩離析，而是經歷一個過渡期，更精確地說，是在政治、文化和社會上的深度轉變，再加上區域性的重大變化。

在古典期的最後到底發生了什麼事，導致現代人推測文明崩潰的發生？在九世紀和十世紀，君主政治體系衰退，然後結束，支持它的宗教、視覺和知識文化也隨之沒落——例如使用長紀曆和樹立紀念碑。同時間，境內的人口也跟著減少。對於某些政體的居民來說，那些改變是負面、劇烈和迅速的——結合戰爭與飢荒。舉例來說，一個王國在數年內運勢衰頹，導致該地被永遠地遺棄。許多曾經輝煌鼎盛，在古典期作為首都的城市（例如帕連克、提卡爾和科潘），不是被遺棄，就是中心建築群無法再維持下去，或是被取代。

這種危機在結構上的原因或根源，看來是聖主崇拜本身。王朝的榮耀與聖主的權威，激發了雄心萬丈的建築計畫和侵略性的區域性擴張，促進了人口成長和對食物、貢物與貿易物品的需求增加。沒有一個王國能夠樹立一個囊括大部分馬雅地區的帝國霸權，因為諷刺的是，聖主崇拜彌漫在每一個政治體裡，刺激起兩個城邦間長期的區域性競爭和附庸城的反叛。隨著土地的密集使用，環境退化降低了耕地的產量，於是增加了飢荒、遷移、戰爭和區域性或內部叛亂的可能性。這些因素是崩潰的近因，最終導致城邦衰退、城區被遺棄，以及聖主被摒棄。

然而，政治或人口衰退並非發生於馬雅世界所有區域，馬雅文明並未結束或經歷突然、急劇或痛苦的轉變。那麼，辨識區域的多樣性是理解古典期如何逐漸轉換至後古典期至為重要的關鍵。在九世紀和十世紀，每一個地區，甚至每一個王國的馬雅家庭，都感受到不同性質或程度的考驗——十世紀初期的持續乾旱，馬雅在農業及其他資源方面的退化，城邦間的戰爭和競爭所造成的政治動盪，對神權統治意識型態和制度的覺醒。

舉例來說，存在於八世紀的王國道斯皮拉斯（Dos Pilas）及其聖主控制了整個佩特克須巴頓地區（Petexbatun，在佩登西南部）。但是在七六〇年，附庸城塔瑪琳迪托（Tamarindito）造反、進攻，並且攻陷了道斯皮拉斯。雖然其他地區的城市必定也加入了塔瑪琳迪托的反叛，但卻無法在當地建立政權，使得區域性的戰爭延燒了一個世紀。倖存的城鎮變得非常重視防禦工事，人民流竄逃難，人口急速下降。

相較之下，提卡爾和科潘的衰退就比較和緩。這兩個王國的許多方面都在八世紀達到高峰，然後到了九世紀，其區域範圍開始變得零碎，君主崇拜式微，巨型紀念建築的時代結束。不過城市並未被遺棄，馬雅家庭繼續在大宮殿和金字塔附近居住、農耕和狩獵，即使他們讓雨林速迅地侵占他們的牆面，在不知不覺中慢慢將岩石扯碎。

然而更強烈的對比是，其他王國在九世紀和十世紀間經歷了一場文化和政治上的全盛期。舉例來說，在今日貝里斯北部的拉馬奈（Lamanai）不但持續繁榮，還似乎成長了——也許收容了來自劣勢地區的難民。不過，就像在貝里斯和猶加敦東部的其他的城邦一樣，當西班牙人在十六世紀抵達時，它仍然被占領了。往北進入猶加敦半島，烏斯馬爾（Uxmal）、艾克巴蘭（Ek Balam）、科巴

（Coba）和奇琴伊察（Chichén Itzá）都經歷了重大的人口激增和都市地景相應的改變。在古典期末了的幾個世紀裡（考古學家稱之為古典終結期）和後古典期時期，猶加敦的城邦與王國發展出新的區域性藝術及建築風格。就像古典期中部和南部地區的王國一樣，這樣的文化活力反映出地方發展、人口遷移的影響和來自較大馬雅地區的觀念，以及與鄰近的政治和文化日益增加的多元接觸所造成的衝擊——尤其是中部墨西哥的部分。

在二十一世紀初期，觀光客最常造訪的古馬雅城市奇琴伊察，其全盛期是十世紀到十三世紀——「崩潰」後的數百年。對於每天一車車湧入遺址的觀光客，和任何有興趣但尚未參觀到那些斷垣殘壁的人來說，很顯然的，馬雅歷史上古典期的結束，並非馬雅世界的終結。

但是今日的奇琴伊察所呈現的狀態：一個有著部分重建石造結構但缺乏色彩的露天博物館，參觀亮點有石灰岩井、球場和「以人獻祭」的神廟，在在顯示著榮景已消逝。這個地方本身向遊客證明了，他們的導覽手冊或旅遊書（或手機應用程式）企圖宣稱：假如「崩潰」並未完全消滅古馬雅，那麼西班牙征服者完成了這項工作，或是現代世界抹除了它們。遺址的荒蕪景象令遊客不禁納悶，在今日只有寥寥幾戶農家勉強維生的地方，古人是怎麼建立和支撐起那些都市的？

至少，那是非馬雅專家的學者賈德・戴蒙（Jared Diamond）在《大崩壞：人類社會的明天？》裡要處理的主題。他把馬雅納入這本書的理由是：「馬雅城市令我們震憾的不只是神祕感」——也就是剛剛提到的問題——以及其「美麗」，也因為它們的「人口銳減」。在了解馬雅這整個地方之後，我們所體悟的是，後古典期（從古典期結束到歐洲人抵達的期間）既漫長又複雜。那個時期的開始與結束，也比一般推測（包括我們）的年代（九五〇年和一五二〇年）更緩慢綿長。更重要的是，在九五〇年左右和大約從一五二〇年起的轉變，在代表馬雅文明的結束方面仍有爭議。古典期是神權統治（包括國王和女王）的時代，確實是馬雅政治與文明的黃金時期，但是馬雅從未遭遇過神祕的結束——無論是所謂的「崩潰」期或之後所謂的西班牙征服期都沒有。

第四章

寫字的兔子

藝術不只是馬雅文明的一部分，也不只是貴族或統治階級從視覺上表現他們優越地位的方法。對於如何理解馬雅人的生活，以及他們如何在這個世界裡生活來說，藝術是極為重要的。藝術以各種形式——建築環境、雕塑品、雕刻與繪畫、文字、服裝與珠寶、陶器、小玩意等——圍繞著分布在該區域數千個城鎮裡的居民和外來者。

因此，馬雅城邦和村莊的居民留下了永久形式的文物，從小型陶製雕像到宏偉的巨石金字塔，以紀念其文化價值。那些文物告訴馬雅人關於他們自己——他們是誰，他們住在哪裡。儘管馬雅的圖像世界歷經時間、氣候和人為干擾的摧殘後，只有零星的碎片倖存下來，但是仍然能揭露出由細微地方化所界定的精緻審美觀——因為物件可顯現出一處遺址的特色，並且定義出該地區的風格。

文字藝術創造者

在馬雅語裡，「藝術」並沒有一個確切的詞源。這也許是因為我們所認為的藝術，在馬雅家庭和生活周遭是隨處可見的東西，灰泥裝飾、繪圖和雕刻設計把日常用品變成了馬雅藝術品。不過，他們所創造的各種特定的藝術形式，是有明確的名稱的——不管是在淺碗（lak）或圓柱瓶（uk'ib 或 uch'ib）上，或是在陵墓金字塔（muhknal）或石碑（lakamtuun）的表面。

他們的藝術家和書吏也有專門的詞彙（aj tz'ihb，即「文藝創作者」）。在許多案例中，文藝創作者自豪地在他們的作品上簽下自己的名字，例如來自貝魯瓦卡的三十四號石碑（圖7），被辨識出十一位藝術家的簽名。這些文藝創作者在古典期有時候被表現成最狡猾的動物形象，像是鹿或猴子。在某個陶瓶（圖8）上，文藝創作者是一隻兔子，坐在冥界國王的座前，他提筆停在以豹皮為封面的多摺頁式文件上，準備書寫或繪畫（因為瓶子是贓物，所以無法得知它來自

圖 8　這只瓶子上有一隻小兔子（推測大概是象徵著人類的文藝創作者）在多摺頁式文件上寫字（美國紐澤西州普林斯頓藝術博物館）。
（© Justin Kerr [#K511], in Princeton Art Museum [PUAM# y1975-17]）

哪個城邦）。

從這種神話般的場景中我們知道，屬於精英分子的藝術家是馬雅宮廷生活的一部分，他們的工作坊在科潘和帕連克等城市的皇宮附近被挖掘出來。此外，藝術家運用的材料往往不只一種。具個人風格的標記和簽名，揭露出老練的雕刻師常常同時創作石碑與陶器，而有些藝術家在抄本與陶器間轉換自如——尤其是抄本風格的陶器，例如陶瓶（如圖8），它的效果有點像在無花果樹皮紙上作畫一樣。

馬雅的藝術具有多重社會目的，都反映在其審美觀和技術多樣化中。由於使用非持久性材料（例如紙和紡織品）創作出來的大量藝術品必然已經失傳，所以我們也許從未明瞭馬雅創作活動的全貌。因此，我們對於非精英階層的藝術行業和傳統所知有限。但是很顯然，馬雅社會的最頂層和一般階層的圖像作品，意欲在意識形態上支持統治階層。無論是小型或大型藝術品，都被用來支持領導階層的權力，利用圖像和公開宣傳，讓人把聖主及其家族的地位，和神祇的超自然世界連結成特殊的關係。這種有利的地位讓統治階層進一步宣稱，能夠掌控攸關全體生存的自然和人類世界的各層面——例如降雨、季節變換和戰事勝利。

這種關係的關鍵在於詳細記載宇宙和世俗時間（人類歷史），唯有產生了複雜的文字系統之後才有可能記錄歷史。這也造就了過去一百五十年來，學術界與大眾對於解讀古馬雅象形文字的極大興趣——他們將馬雅文明視為待解的奧祕或謎團。馬雅學者深信，馬雅人遺留下來的數千份象形碑文，也許是古代所發明過最複雜的書寫法。到了十六世紀與歐洲人的接觸期，那種文字的使用也許已經衰退，但是，在接觸期之前書寫及書籍製作即幾乎消失的看法是錯誤的（包括馬雅學者在內，十九和二十世紀時的人們普遍這麼認為）。比較可能的是，西班牙修士以暴力查禁象形文字，而在殖民期終結了那項傳統。不管是哪一種狀況，閱讀那種美麗符號的能力已經失傳。

早期的馬雅學者在十九世紀開啟了「破解馬雅密碼」的現代運動，但是他們的努力一再遭遇失敗和分歧的困境，而且也沒什麼持續性的突破，直到二十世紀最後這數十年，才有了成果驚人的突破。隨著文字被解譯，銘文學家能夠讀懂數千份碑文，因此劇烈地翻轉和加深了我們對馬雅文明的了解。等到進入二十一世紀時，專業和業餘的馬雅學家，都以極快的速度取得了新的洞見。預估到了二〇三〇年，對現存象形文字的發現和解讀，可能可以達到九十%。

面對這樣戲劇性的轉變，不得不提出兩個問題。首先，馬雅象形文字到底屬於何種形式，才會具有那麼豐富的表達力，又讓現代學者難以解讀？答案看似簡單：馬雅文字是一種意音（logophonetic）文字系統。這表示馬雅文字結合了表意（logographic）和表音（phonetic）文字，前者的意思是，象形文字經常以字符（logogram）和符號（sign）來表示一個字或是字的一部分。而大部分意音文字中的表音組成，並不會小到以音素（phoneme，也就是講這種語言時所發出的聲音）為最小單位（例如羅馬字母系統裡的字母），而是以音節為單位來標記，即一個子音，加上一個母音（記為CV，C代表子音，V代表母音）。若要寫出一個以子音結束的詞（例如CVC），馬雅書吏會使用兩個音節（CV-CV），閱讀的人必須自行忽略掉最後一個母音。而任何語意上的不清，都可以藉由在同一詞加上字符的方式來解決。對於能讀寫的馬雅人來說，文字系統的複雜性不僅能促進清晰的溝通，使資訊明確，也能允許微言大義、暗示、諷刺和書面文字的各種其他可能情況。但是那些繁瑣、複雜打敗了早期的馬雅學者。到了二十一世紀初期，已解碼的象形文字不斷增加，學者繼續從碑文裡挖掘出新的線索。

由馬雅文字解碼的故事所引出的第二個問題是，馬雅人在寫些什麼？象形符號的銘刻內容如何改變了我們以往對馬雅的了解？大部分殘存下來的碑文記載了古典期王國的歷史，以及他們所統治的王朝的輝煌事蹟。的確，我們所認識的從

解碼

馬雅象形文字解碼的故事——破解它的「密碼」——又長又曲折，發生過誤導的理論、個人恩怨和假的羅塞塔石碑（false Rosetta stones）。但到了最後，它是一個國際學術合作大獲成功的故事。

一直到西元 1800 年，探險家只推斷出少數象形符號，並未將其出版。到了 1900 年，他們已辨識出長紀曆，並且可以與西曆比對，但是半個世紀之後，非曆法的象形文本仍然無人能懂。誤導性的理論阻礙了進度，馬雅象形文字並不等同於埃及式字符文字，內容也不限於宇宙方面的資訊。十六世紀時在猶加敦，迪亞哥．德蘭達（Diego de Landa）以與西班牙字母相互對照的方式將馬雅的「字母表」寫下來，但所根據的是方濟會修士對馬雅文字的誤解。那並不是許多人所以為的密碼答案。

到了 1950 年代，歐洲、墨西哥和美國的銘文學家各有所突破，然後結合起來成為後續數十年裡進展逐漸迅速的基礎。關鍵性的三大發現是：馬雅文字裡含有大量的表音和音節元素；圖形文字或地名的普遍性；以及以碑文記事的歷史模式。也就是說，馬雅學者了解到，象形符號記載了口語，敘述真人歷史，他們何時住在何處，他們的祖先是誰，他們和誰打仗，以及他們如何理解自己與過去、自然世界和宇宙的關聯。自 1980 年代起，銘文學家用愈來愈複雜的語言研究法，結合圖像學分析，來還原馬雅各別人物的詳細歷史、他們所創造的物件和建築物、他們所居住的城市，以及（或許是最令人訝異的）引導他們的觀念。

西元前三世紀到十六世紀的馬雅世界，許多都來自象形文字的記載。唯有閱讀這些碑文，我們才能夠找到那些馬雅人的名字、職業和生活經驗，以及他們家鄉的深度歷史。

在古典期早期的幾個世紀裡，馬雅人同時發展和擴展了他們可以用來書寫的媒介，以及書寫系統本身的複雜性。有些馬雅學者喜歡把這兩件事情比喻成硬體和軟體，硬體在概念、規模和種類上會成長。紀念碑、階梯和牆壁被設計用來容納更多、更複雜的碑文，而且幾乎總是與雕像結合在一起。陶器從古典期早期只有少許表面可供書寫的淺碗，演變成又高又筆直、提供更多書寫面積的三腳瓶（另有蓋子）；然後再演變成古典期隨處可見的高圓柱瓶——不只是用來裝盛食物、飲料或是珍貴傳家寶的容器，也是敘述性文字或圖畫的媒介，甚至主要是發揮媒介的功能。

同時，透過這兩者間的動態關係——「軟體」從表意和表音均等，演變成偏重表音。隨著學者發現和研究愈來愈早期的碑文，他們也把表音文字書寫和馬雅象形音節文字的起源定得更早。話雖如此，高度表意的書寫文字比較適合古典期初期之前幾世紀的簡短紀錄。然後到了西元初幾世紀（到了五世紀時絕對是如此），發展出較廣為運用、更精密複雜的表音拼字系統，也創造出完整的音節表，讓書寫於陶器、石頭及其他「硬體」上的文字能擴大篇幅。這些條件讓書吏能夠建構在時間軸上前後移動的敘事，包括對神靈的活動、王朝成員的成就或城市間競爭事件的側面說明，而且能夠傳達含蓄和暗示等細微但深刻的意思。換句話說，這種硬體和軟體的並行發展，支持著現代對古典期馬雅君主世界重建的所有細節。

此例之一是卡貝爾夫人（圖7）的石碑肖像。女王的身體占據了主要的構圖，不過在這個人物肖像的周圍還有許多的象形文字，說明著雕像的圖像內容。在雕像的前方和兩側，藝術家刻下了九十七個象形符號，這個石碑很顯然是一個紀念碑。三十四號石碑兩側上的文字記載了月亮週期的資訊、馬雅長紀曆中的一個單獨事件，以及額外添上的一個日期。在石碑正面的圖像上，到處散落著各種大小和深度的浮雕文字。這些文字列出被描繪者的名字：卡貝爾夫人和她的侏儒侍者佩頓阿克（Pat Tuun Ahk）。小字列出的是設計和雕刻該石碑的藝術家之名，這樣的銘文，在馬雅世界的藝術家簽名之中為數並不多。位於左上方的文字包含一連串各種曆法的日期，結束於豎立紀念碑的西元六九二年。

儘管寫在石頭和陶器上數以萬計的馬雅文字，以及木頭、貝殼和骨頭等媒介上的數百個馬雅文字殘存下來，但是無數的書籍失傳了。馬雅人用捶打過的無花果樹皮造紙（叫做hu'un），用石灰粉去除雜質，然後做成特有的九吋長長條形紙片，這些紙片畫上象形文字和圖案，再折成大約四吋寬的多摺頁式文件（馬雅學者稱之為抄本，codice）。他們以蘆葦和羽毛管為筆，以煤灰為黑墨水。

儘管在熱帶氣候的蹂躪下，加上西班牙人戮力於摧毀他們無法看懂的文本（而且假定內容都是宗教性的），我們現在還能知道馬雅抄本的模樣有三個原因。第一，考古學家在墓穴裡找到也許是十幾份抄本的有機殘餘物。第二，手繪陶瓶上描繪了寫書和讀書的場景，有時候那些書以豹皮做封面。第三，有四本抄本倖存至今，都是在後古典期晚期或西班牙殖民接觸期創作的。其中三本逃過修士在十六世紀末或十七世紀初於猶加敦的焚書，之後被送到歐洲，並以最後所在的城市分別命名為德勒斯登、巴黎和馬德里抄本（Dresden, Paris and Madrid codices）；三十九頁的德勒斯登抄本是最漂亮、最複雜的。第四本格羅列爾（Grolier）抄本，由劫掠者發現於一九六〇年代。這四份抄本使用的是比較簡化的象形文字，是以古典期象形文字變化而成、以表音文字為主的版本，而且內容都和曆法及儀式有關，主要是日蝕月蝕和金星的天文週期。一定也有關於其他主題（範圍從歷史到醫藥等等）的抄本，只是未流傳下來，儘管有些在殖民期的幾百年間被轉錄成拼音文字的書籍，像是基切的《波波爾烏》和猶加敦的《契蘭·巴蘭》。

小型藝術品

馬雅人在小型藝術品的表現上也很出色，出土的文物來自於普通家庭和貴族家庭。陶器和寶石藝品是考古學紀錄上的最佳代表，儘管也有從建築物、洞穴中和石灰岩井（因石灰岩岩床坍塌而形成的天然窪坑或排水口，遍布於猶加敦半島上）的水底發現的木製雕刻品，那些雕刻品很可能是被扔到石灰岩井裡當祭品的。不過，手繪陶器詳細描繪了由較脆弱物品，如紡織品、紙和羽毛等易腐爛物質所構成的整個世界（如圖6至圖8裡的細節）。

在所有的媒介裡，硬玉顯然對古馬雅人來說有特殊的重要性。古馬雅人相信，它是一種彌漫著靈魂或精神的材料。這說明了它普遍出現於貴族陪葬品中的原因，它用在陪葬的面具上，死者嘴裡常常也含著一顆翡翠珠子。它也用在精心雕刻的儀式用品上，即得到供奉、與已知超自然世界的力量有關的神靈雕像的服飾元素。來自於已開挖的陵墓證據顯示，皇室和貴族有時候會穿戴具象徵意義的小硬玉墜飾，譬如說，有一位馬雅君主就戴著模樣如超自然神靈的頭飾。這類物體是鮮綠色，對古馬雅人來說代表神聖的意義，能夠召喚生命的必需品，像是流動的水和嫩玉米。很顯然，硬玉常被視為傳家寶，在馬雅家族裡一代一代地傳下去，或當成送給外國達官顯貴的禮物，以促進外交上的交流。由於大多數的硬玉在當時都產自於瓜地馬拉的莫塔瓜河谷，也就是馬雅世界的南部，因此硬玉算是一種舶來品，其中自然含有外來的知識和專業性。任何用這種寶石雕刻而成的穿戴品，可以說是具體展現了這些特質。

陶瓶普遍存在於馬雅社會的每一個階層，因為它們兼具實用和儀式的功能。以平民和貴族的家庭用途來說，它不只用在準備食物等簡單的日常事務上，它也用於特殊的場合，馬雅社會的所有階級都有更精美的餐具。皇室宮廷無疑擁有這種藝術品中最精緻的產品，超群絕倫的手工和手繪器皿，皆是由知名、有時甚至是聲名卓著的藝術家製造的。事實上，有些製陶藝術家聲名遠播，連他們製作的瓶子都被當成外交上互相交換的貴重禮物。

現在許多博物館都有收藏一種特殊形式的陶瓶，它是高瘦的圓柱體，通常用來飲用廣受馬雅統治者和貴族喜愛的可可飲料（圖6和圖8）。「可可亞」（Cacao）一詞源自於馬雅語kakawa，馬雅人首先研發出以發酵、乾燥和烘焙可可樹種籽的步驟來製作巧克力飲品。馬雅人用來放巧克力的罐或壺，通常以紅、棕、黑、黃為主的基調所形成的鮮明色彩，來描繪出蓬勃的宮廷生活、神祇、戰爭場景或細緻的抽象裝飾。這些場景複雜精密的程度，足以當作供學者了解馬雅文化的觀景窗，因為它們看來就是馬雅生活的快照。除了作為飲用杯的實際功能，這些容器也具有政治上的功能，在特定儀典和國家節慶期間以特別指定的設計樣式作為公共展示品。由於巧克力飲品是高級階層專屬的特權——早在西元前一〇〇〇年就有限奢令的社會區隔——因此可可產品及用來盛裝的陶製容器，在馬雅文化裡是相互輝映的。

藝術家用黏土來製作立體塑像，雕塑的角色通常是神靈，也有較少見的人類。考古學者從住家遺跡裡找到數千個立體雕像，看來這種雕像普遍存在於所有馬雅家庭裡。它們往往很小型，只有幾吋高，但是細節清晰到足以供學者仔細分辨它們代表哪種超自然神靈。上層社會裡的這種雕像可能更為結實、堅固，這需要燒製各別零件，待組合起來後才是一個完整的整體。那些大小各異的雕像體內都有一個洞，可以當做香爐使用。在有些情況下，殘餘物分析揭露了馬雅人焚燒的是一種當地所產的樹脂，柯巴脂，推測是宗教或其他儀式中所使用的。

馬雅藝術家也會用黏土塑造馬雅世界裡的各種人物。猶加敦半島西岸外海上的島嶼，吉安娜島（Jaina Island），自前古典期開始就被當成各種類型的墓地。成千上萬個馬雅人被包在小陶俑裡：音樂家、織布和照顧孩子的女性、擁抱的情侶和穿著特種服裝的球員，每一個都製作精良，著色鮮明。散布在馬雅地區裡的其他遺址，也發現了類似吉安娜島上塑像的陶俑。至今仍然爭論不休的是，這些是否為真的肖像。比較可能的是，它們所描繪的並不是真實的歷史人物，而是馬雅人的「類型」。所以說，這些物品裡必然有一個類別是代表歷史上的統治者，其中許多是從平民的環境中挖掘出來的（例如自摩士德聖荷西〔Motul de San

José〕遺址出土的塑像）。

建築環境

馬雅的基本建築物大多是直線或卵圓形的，牆由枝條和塗料組成（筆直的桿子混著泥土），上頭覆以茅草尖頂。這些就是馬雅農民的家（在有些地方到現在仍是），通常圍繞著一個開放式的露臺而排列。從歷史觀點來看，馬雅人居住在以夫族居地延伸出去的親戚族群裡。家族成員死後通常被埋在房子的地板下，馬雅人將家裡的生活空間和已逝的祖先（有時候被奉為神靈）融合在一起。

雖然古典期的馬雅（和大體上的中美洲社會）最為人所熟知的是其階梯式的巨石金字塔，但是多樣化的建築結構組合更能代表他們的建築成就。古典期晚期的典型都市規畫，特色是高聳的建築物群集在開放式、經過鋪砌的廣場周

圖 9 提卡爾大廣場印證了馬雅文明精湛的建築技術，廣場上有 1 號神廟（左側），2 號神廟（右側）和皇家廣場（在廣場遠側的背景中）。（照片由作者拍攝）

園，提卡爾的大都市是其中一例，在一個世紀的短暫中斷之後由君主哈索一世（Jasaw Chan K'awiil I）再重新設計，他最大的建築成就是完成了該城市核心區域的再規畫。哈索一世親自監督新宮殿建築群的建造，包含兩座互相面對的巨型階梯金字塔，在結構和設計上始終維持著如其祖先墓地幾世紀以來的氣魄。最後成就了「大廣場」（Great Plaza，馬雅學者的稱法），它是一個兩側對稱的城區，把對死者和生者、儀式和政治的象徵性帶入這個建築群，或許也應和著家庭建築風格的傳統，而在視覺和空間上鞏固了君主的政治和宗教力量。

這些概念的最佳總和或許就展現在位於廣場東側的哈索一世陵墓，一號神廟（the monumental Temple I）。據推測，陵墓是由哈索一世在生前設計的，但當然是由承襲他王位的兒子完成。一號神廟包含九個重疊的露臺，象徵著冥界九層，馬雅統治者必須通過這個地方才能重生為神化的實體。它的最上層有一個獨門、高屋脊的神廟，裡頭是封閉、幽靜的空間。建築師想用這些密室複製天然洞穴的空間情境，由於天然洞穴被認為是冥界的入口，因此是與神靈和神化的祖先溝通的理想地點。在一號神廟內部深處有一個拱頂墓室，裡頭是哈索一世的遺體和精緻的陪葬品。這個墓室就位於廣場的正下方，表示神廟完成於統治者死亡的西元七三四年之後。

一號神廟上層內殿的封閉空間及其內部的墓室，是一種表示期望的建築特色，也源自於純正的馬雅建築技術。馬雅的建築物利用上托拱頂或拱形做出所需的內部場域，而在殖民接觸期之前的中美洲，從未使用過由古羅馬人發明的那種真拱形。真拱形的技術是把平面直邊的石頭以層疊的方式從兩邊愈疊愈近，而上托拱頂所用的石頭本身並不平穩，需要在拱形上方使用大量的填充物來撐住。這使得馬雅建築物的頂層十分沉重，很可能因為時間推移、樹根伸入和大雨的關係而崩塌。這也限制了每棟建築物的寬度，使馬雅的巨型建築物有一種侷限性的感覺。在古典期晚期，帕連克發展出一種「背負式」上托拱頂的建築技術，在直角處把拱頂連接起來，以增加該城市建築物的寬度。

古典期晚期的其他統治者，也許是透過大規模的都市計畫來宣傳他們的政策。科潘的十八兔親自監督市中心其中一個廣場（如圖5的「大廣場」）的重劃，他在此創造了一個儀式空間，擺上好幾個自己肖像的石碑作為標記。這些紀念雕像展示出統治者在儀式中的各種狀態，也為一卡盾（二十年）一次的一系列儀式活動劃下句點。所以，都市規畫及其內容元素加在一起，就是一種時間記錄器，用來永久保存一位君主對時間的支配。

在科潘，這個「大廣場」被一座很小的四面金字塔與都市核心的其他區域區隔開來，這座金字塔的每一面都有直通頂層的階梯。在它南邊突起的是科潘中心的建築主體，主角是被稱為十六號神廟（Temple 16）的巨型金字塔／巨石建築群，由該城市在古典期的最後一位統治者雅須斯潘・強尤帕特（Yax Pasaj Chan Yopaat）完成。

儘管它是科潘最高的建築物，但比起其斜對角二十六號神廟（Structure 26）的雄偉壯觀，它的高大相形見拙。科潘王朝的建立者亞須庫莫（K'inich Yax K'uk' Mo'），最先在五世紀中葉建造了那座神廟，然後該城市的第十五位統治者卡克易普亞・強卡維爾（K'ahk' Yipyaj Chan K'awiil）完成最後的改造。它的西面是著名的「象形文字階梯」（Hieroglyphic Stairway），排列向上的梯道含有六十二階由兩千兩百個象形符號石塊砌成的階梯，其中穿插了已故君主的立體肖像。這是在馬雅世界裡所發現最長的象形文字銘刻，提供學者們該城市從五世紀到八世紀間完整的朝代史。

馬雅文明成就的不朽表現──例如提卡爾的「大廣場」和科潘的「象形文字階梯」──毫不意外地得到了學者和有興趣的大眾最多的關注。在古典期這幾百年間，文明的發展卓越非凡，確實無可爭辯。然而，它們往往使馬雅生活的世俗層面相形失色，變成只是其文明的相關說明。

第五章

一天的生活

大城市裡的雄偉建築物，引人入勝的象形文字銘刻，伴著令人驚嘆的雕刻和繪畫，馬雅文明最令人印象深刻的這些特徵，在整個馬雅地區流傳了幾千年，這樣的成就在未來幾世紀裡必定會繼續撩起我們的想像力。但是那耀眼的藝術和建築技術的遺產，也創造出對古馬雅的扭曲觀點，一切都從考古學家及其他學者打算還原馬雅人的過去開始。就某個程度上來說，無論在通俗或學術研究，扭曲皆來自過度強調馬雅的神祕感。此外，那些扭曲也來自於對上層生活的強調，著重於生活在巨石建築物之間的王室和貴族家庭，以及命人或自行創造不朽藝術的王者。為了使我們看待馬雅世界的觀點可以更加均衡，我們必須考量非精英馬雅家庭可能經歷的日常生活的各種層面。

家庭生活的周而復始

非精英的馬雅住家構成很簡樸，通常由單一居室組成，但那不代表馬雅人的家庭生活受到拘束，或者以核心家庭為主。相反的，馬雅語裡並沒有和我們的「家庭」相近的詞彙，而是用親屬關係廣泛地包含數個世代，有旁系親屬、姻親和擬親屬關係。馬雅住家的布局反映出親屬連繫的概念，他們圍繞著一個庭院或小廣場（用於差不多和室內活動一樣的家庭活動的戶外空間）而群集。附有數個房屋的廣場或庭院，往往集結成更大的聚落，我們或可稱之為家族街坊。

因此，馬雅的孩童多半在手足與堂、表兄弟姐妹之間長大，也跟著父母、祖父母和叔公、嬸婆等人長大。男孩和女孩一旦到了青春期，就要經歷各種階段的儀式——其中一種賜福典禮被十六世紀的西班牙修士想像成馬雅人的「洗禮」（baptism）。在這些儀式之後，女孩仍然留在家裡，但要開始談論婚姻了，而男孩要搬出家裡——根據殖民期的證據，至少要一段時間——接受作戰、狩獵、貿易和球賽等技能，或其他看來適合他們的技能的訓練。年輕馬雅男性的成年生活不會像女孩被邊緣化，而是成為眾人關注的焦點。那種關注有時候是溫馨的，有時候是令人焦慮的，但最重要的是他們頌揚青少年期，因為它是通往成年期的璀璨階段。

就跟中美洲其他地方的狀況一樣（事實上是世界性的），社會對於男性和女性在性愛和婚姻關係中所扮演的角色，慣於採取雙重標準。女孩接受嚴格的教養，謹守貞潔，若是淫亂便要遭受嚴厲的處罰，而且她們必須服從父母和族長安排的婚姻。在後古典期和殖民期的猶加敦，和父系的親戚結婚是一項禁忌，所以婚姻會把不同的家族連繫在一起，這很可能是馬雅地區普遍的作法，而且在時間上要追溯到更早以前。然而，男孩和成年男子較為自由，儘管禁止通姦（殖民期的資料指出，要處以死刑），但男性可以買春和多娶幾個老婆，只要他們付擔得起——屬於精英階級的一夫多妻制。

馬雅人的身分由父系血統決定。十六世紀的猶加敦大約有兩百五十個父系氏族，他們的姓氏帶有歷經殖民期和近代文明變化的重大社會意義，直到二十一世紀初期仍在使用中。假如母系是世家大族的話（儘管此情況較少），馬雅人也繼承母親那邊的姓氏，這個因素顯然在婚姻安排和有性別差異的經濟活動中具有重大影響。舉例來說，婦女在家裡或家附近織布和做其他工作，而且他們會把從母親那兒繼承到的資產傳給女兒。一個人的階級愈高，就愈會強調父親或母親那邊的血統，因為血統不但代表了社會階級，也是取得土地和財富的保證。對於王室或貴族來說，血統就是一切，它甚至可以把人和神扯上關係。

在社會階級的另一端，最窮苦的平民很少以其出身被稱呼，而是以其曆法名（由出生日期來決定）、乳名或職業作為個人標籤。大部分的奴隸也是如此，因為奴隸的常見來源就是在戰爭中被俘擄的平民（精英階級的戰士會被當成人質或依據儀式被處決），或是這些俘擄的孩子。殖民期的資料也指出，在早期的時候罪犯會被判為奴隸。不管是哪種方式，都沒有證據顯示，在十六世紀西班牙人到來之前的馬雅世界裡有奴隸買賣或大規模的蓄奴制度，是此後西班牙人才把奴役非洲人、馬雅人及其他土著的買賣帶到這個地方。

死亡把馬雅男女歸還到他們的來處，不只是回到家族街坊裡，也回到他們長大的那群屋舍裡——甚至回到他們出生的房子裡，就埋葬在地板下。平民的墓穴在概念上和貴族一樣，只是因為社會階級不同而樸素許多。如同被封在高聳金字塔神廟下方，放滿陪葬財寶的壯觀皇家墓室，平民的墓室也會讓死者口中含一顆玉珠，另外也會放置一些死者生前喜愛的東西，可能包括了小雕像（後來的歐洲人稱之為「偶像」）、珠子，或一個陶瓶（也許上頭有所有者的名字）。殖民期的資料指出，書吏和祭司的陪葬品有象形文字抄本。考古學家發現，有些城市會將死者火葬或將死者的頭顱製成木乃伊（如後古典期的馬雅潘，Mayapan），但這些作法似乎僅限於精英階級。

食物與森林

馬雅地區的環境對人類來說相當具挑戰性。北部是沒有河流流經的灌木叢林，中央是熱帶雨林，南部是火山山脈，不像是適合任何文明發展的地方——除了一個那麼複雜又持久的文明。不只在顛峰時期馬雅的人口達到數百萬人（也許多達一千萬），而且馬雅農民也生產足夠的食物來養活大量的少數群族——他們從事建築、雕刻、繪畫、工藝、編織、貿易、打仗、統治，把時間花在許多其他無法直接養家糊口的活動上。他們究竟是怎麼辦到的？

馬雅文明的關鍵，學者通常採信於農業的成就，或是適應雨林的技能。不管焦點在於農作物或雨林，或養蜂和果樹栽培，或狩獵和馴養動物，馬雅學者的目的就是要弄明白，馬雅人如何在沒有全國性統治階層的主導下，僅依靠本地或地區層級，就能發展出那麼成功的技術，以及農作物生產與分配的文明。不過，那並不代表馬雅和環境的關係毫無瑕疵。相反的，幾次的環境危機或環境災難，不只是自然災害（例如長期乾旱、蟲害、暴風雨、地震、洪水和火山暴發）的結果，也受到了過度耕作、人口過剩和戰爭摧殘的刺激。但其中並不包括體制的失靈，這顯示出那種體制在數百年來是如何妥當地照顧了數百萬名馬雅人。

玉米是馬雅人的主食，在飲食中重要到享有神話、神聖級的尊重。或許可以公平地說，大多數的馬雅男性都是玉米農，他們相信玉米是上天恩賜的禮物。玉米的栽培首先出現於南部墨西哥和馬雅地區，馬雅人至少在四千年前就開始種植玉米了。許多馬雅學者相信，改良玉米基因以培育出更大的玉米穗軸和高產量的玉米品種，以及改進玉米料理的方式（隨著「鹼法烹製」的出現），都使得古典期前的過渡期產生了較大、較密集的聚落，成了馬雅各城邦的起源。

可以肯定的是，在前古典期，玉米已經是馬雅地區到處可見的作物，其他還有豆子、南瓜、辣椒、根莖類作物和水果。鹽和玉米一樣重要，取得的管道有貝里斯南部的煮鹽法，或（更常見的）透過貿易網路引進來自猶加敦北部海岸環礁湖巨大鹽床的鹽。由於猶加敦半島很平坦，而且幾乎沒有河流，所以半島上的居民喜歡在有天然石灰岩井的地方建立市鎮，而農民會開鑿水井、灌溉溝渠和蓄水池。來自猶加敦以外的食物和其他產品，也可以拿來在半島上進行交易或「兌現」作物——主要是棉花（在該區已有很久的栽培史），還有蜂蠟、蜂蜜和可可（儘管可可果園在南部比較常見，分布於今墨西哥塔巴斯科州〔Tabasco〕、貝里斯和瓜地馬拉的太平洋沿岸）。

在雨林中求生存的馬雅人似乎了解，模仿和維持可食用水果和作物的自然多樣性和分布是很重要的。換言之，馬雅人發現，藉著避免過度採集、過度耕作、過度砍伐、單一栽培，各種生態棲位（ecological niches）和各種等級的雨林為人們提供了穩定且種類豐富的飲食。農民將雨林保持得很完整，即使是在人口顛峰期也許達到好幾十萬人的提卡爾，雨林被砍掉的比例也從不超過百分之六十。再者，在砍伐雨林時會謹慎篩選要剔除的樹木（例如，絕對不會去砍伐果樹），在聚落和周圍逐漸創造一個管理式的森林（有些人稱之為人造雨林）。水的取得在猶加敦是一大挑戰，而在雨林地帶，水的控制則更為重要，馬雅工程師透過日趨精密的梯田和階地技術及水利工程來達到目的（從前古典期到後古典期）。

把馬雅人想成環境保護主義者儘管在時空背景上並不適合，不過他們對生態的態度是以對環境的控制或尊重，來平衡人類對環境的改革與開發。適用於農業的道理也同樣適用於飼養動物和狩獵。馬雅人養狗：有些是用來吃的，有些是用於狩獵的。火雞的來源有飼養，也有狩獵。在馬雅文明中，養蜂也有悠久的歷史。馬雅地區到處都有人飼養的土生無螫蜂，以猶加敦尤甚。馬雅人狩獵鹿和西貒（一種類似野豬的動物），還有犰狳和各種禽類。潟湖、河流和沿岸捕魚的規模很龐大，加勒比海岸甚至有商業漁場。雨林裡有各式各樣的珍禽異獸，包括美洲豹、豹貓、鹿、狐狸、兔子、刺豚、貘和山豬……牠們被馬雅人拿來當做食物、寵物、工具和裝飾。

此外還有猴子和各種熱帶鳥類，這些動物不只對於馬雅的飲食來說很重要，對於馬雅人在野生動物方面的日常體驗，以及他們看待環境裡的生命的基本方式來說也同樣重要。在馬雅人自己的街坊和城市裡，每一個人都會用動物和鳥類來反映出他／她的社會地位。舉例來說，穿戴罕見和美麗的魁札爾鳥（quetzal）的羽毛，表示那個人是馬雅貴族或皇室。學者也做了骨骼和牙齒裡的鍶同位素分析，發現精英階級的馬雅人比下層階級食用更多的多鹿肉（而且是較好的部位）。野生動物也和馬雅的過去及超自然領域有關，因為在關於人類起源和神靈的神話裡，充滿了猴子、鳥類、蛇和其他動物。

馬雅學者常猜想，馬雅地區裡那些相對來說較小的王國，要如何利用有限的資源來支持這麼稠密的人口。古馬雅在各種環境中似乎都有辦法繁榮興盛，於是，根據考古學在這方面的各種發現，現在馬雅學者把沒有強大國力的統治者如何養活他們的子民的問題顛倒過來。事後證明是靠著成功的生態適應力，因為馬雅在其政治觀念和控制上是去中心化和在地化的。藉著分享共同的文明但不分享同一個政治體系，馬雅人也許同時享有這兩種世界的極致。透過貿易和遷移，馬雅人把糧食和生產糧食的最佳方法散布到每個區域裡。但是當城邦試圖創造霸權或小帝國的時候（如古典期的提卡爾、卡拉克穆爾和卡拉科爾），他們最終是失敗的，紛紛走下歷史的舞臺而證明了一個規則——為數眾多的馬雅政治體才是繁榮的關鍵，因為它們反映出環境的多樣性。

進城去

自二十世紀以來，學術上對於馬雅都市化性質的見解一直搖擺不定。有些馬雅學者一度把馬雅城市想像成僅僅是舉行儀典的中心，而且管制進出——如此一來它們根本不是真的城市，馬雅也變成一個沒有都市的文明。另外有些人則把那些地方想像成類似古典期的提卡爾或後古典期的馬雅潘，那種集政治、社會、政治活動於一身的繁華都市，每天都有來自於外部聚落的工人和商人，而城市和聚落的關係就像現代的城市與郊區，或市區與衛星城鎮一樣。

事實上，馬雅在大部分的歷史中很可能是這兩種模式的結合，但比較接近後者。構成城區的架高廣場往往被設計成很容易關閉，有時候是為了防禦的目的，但更常是為了控制統治者家族所居住的空間，允許非精英階級的人在特定情況下進入。有很多的狀況和原因，讓「一般的」馬雅男女想待在（或去到）鬧區。再者，他們有筆直、抬高、鋪上灰泥、被稱做「白路」的公路，把城區和一些家族街坊及鄰近的城鎮連接起來。他們不用邊牆或街道，而是以地面特徵來區分街坊，像是水源或小型的街坊神廟、廣場和球場。在社會地位上，血統和職業把人們區分開來。不過街坊之間不見得是同族的，馬雅城市往往比從前認為的更像現代城市，人口稠密度高達每平方公里三千人，而且街坊中眾人彼此之間的財富差距甚大。

馬雅城市是由公路和一般道路組成的網路，家僕或奴隸每天都要從自己居住的街坊走到城區來為主人工作。技術好的工人幫忙擴建巨石金字塔和廣場，或是裝飾其華麗的外表，這是他們每天都差不多的行程。商人每週或每個月定期把商品帶到市場上販售，然後買家聞風而至；所有的馬雅城市或城鎮，都有面向市區廣場的有頂市場。搬運工人帶來食物或動物，樂師為儀式和季節性的慶典帶來他們的樂器，市場就像球賽一樣，將人潮從周圍的聚落或衛星城鎮吸引過來。不管馬雅人是為了每天的例行工作還是季節性的事件進到鬧區，他們通常都會看到熟悉的臉孔。但同時，許多城市已經稠密到到處都看得到陌生人，包括同一個城市的不知名居民，這都不足為奇了。

使每個馬雅城市增添光彩的開放式廣場又多又大，供民眾跳舞、吟詩和音樂表演，以作為球賽的開幕或與球賽同時進行。古典期的藝術對樂師的描繪是，一列一列的依序行進，沙鈴表演者和歌手之後是喇叭手、龜殼搖鈴手和鼓手。王室宮廷無疑有他們自己的作曲家和樂隊，他們的技術，就像運動細胞發達的球員能夠使橡皮球在臀部和石刻圓環間得心應手地穿梭那般精湛，受到一般市民和贊助他們的精英階級的喜愛和尊重。

有時候，許多的這些活動——競賽、貿易、消費、歡慶——會在政治高峰期同時舉行，這刺激和關係到馬雅王國盛大的政治和宗教儀式：新國君的登基或加冕典禮，或戰士帶著依例要展示、羞辱和處決的囚犯凱旋歸來。這類重大時刻被拿來頌揚城邦的地位，也被非精英階級的馬雅人，無論是奴隸、玉米農、織女，或中層階級的商人、石匠、文藝創作者、球員、戰士和祭司給深深紀念。

馬雅的球賽

我們所稱的「中美洲蹴球」，是在馬雅和中美洲很普遍的一種文化活動，馬雅人或許稱之為「pitz」。我們無法很明確地得知pitz的遊戲到底是什麼樣子——無論是作為球員或觀眾的感受——也難以找出它的規則（很可能依時間和地區的不同而有所變化），但很清楚的是，球員競相把球送進垂直懸吊的石刻圓環裡，而且不能用手或腳。

建築方面的證據讓運動員在文化、政治和宗教上的重要性一目瞭然，為數眾多的球場讓儀典中心和南部邊陲的多數大城市熠熠生輝。球場有各種樣式，但大多數都包含一個長方形的場地，在短邊接著一個末端區（形成T形球場）或兩個末端區（形成I形球場）。開放式的廣場把球場和聳立的金字塔區隔開來，建築師在廣場上設計了觀看比賽的座位，往往還有附屬的神廟。石匠用浮雕來裝飾石牆、圓環和記分裝置。在科潘，球場坐落於城市的中央，把衛城和十八兔王設計的大廣場分隔開來。

然而，並非所有的球場都那麼美侖美奐。各社會階層的馬雅人都玩蹴球，從小型街坊球場克難的「業餘」即興比賽，到精心安排的跨區域競賽都有。這種運動在《波波爾烏》的神話史裡有重要的地位，是雙胞胎英雄被迫和冥界神靈比賽蹴球的故事。如此看來，這種遊戲很可能具備宗教意義，也許是把它理解為這場超自然戰爭的重現。就像現代的運動一樣，馬雅蹴球是一種團體慶典、團隊合作和個人非凡能力的表現，而非盛行的觀念、過時的指南書和三流電影裡的血腥運動。

即使在非重大的日子裡，古典期的城市也用石刻記錄以往的加冕典禮和輝煌戰績，伴以象形文字說明，再繪上鮮明的色彩來作裝飾。我們無法得知馬雅平民對王室在廣場上的展示品的確實反應，也許他們喜歡但不見得要接受那些展示品所傳遞出來的意識型態。不過，透過辛勞和自己地方宗族的身分，他們定然把感情投入於自己的城市並其安泰之中。前人建造的金字塔神廟，是喚起人民驕傲的地標。

我們也無法肯定馬雅族群裡的識字比率。不過很可能，儘管只有少數的精英具備完全的識字能力，但許多馬雅人也能閱讀基本的象形文字、辨識日期和家鄉及本土統治者的名字。因此，即使是在最平凡的鬧區繞上一圈，非精英階級的馬雅人也能接觸到承襲自他們祖先的豐富歷史、藝術傳統、輝煌建築和多采多姿的文化。

第六章

征服

當西班牙人在一五一七年從猶加敦半島的海岸登陸時，「猶加敦王國有一位名叫圖圖爾修的君主，一直住在馬尼高地（統治著）印第安人。」這段文字出自一位猶加敦的教區牧師法蘭斯科．卡德納斯范倫西亞（Francisco de Cárdenas y Valencia），他在一六四三年為該州編寫短篇歷史。經過一五二〇年代和一五三〇年代一連串的入侵失敗之後，西班牙人找到一個以蒂奧（Tiho）為中心的新殖民區——隨後以西班牙城市梅里達（Merida）重新命名。根據卡德納斯范倫西亞的記載，一五四二年，圖圖爾修「想看看並認識留著山羊鬍的太陽之子」成了重要的契機（他們在「他們自己的教義和預言書裡」是這麼稱呼西班牙人的）。那位牧師宣稱，正如二十五年前阿茲特克皇帝蒙特蘇馬（Moctezuma）預料留著山羊鬍的領導者會歸來，因此這位馬雅「皇帝」很熱切地想看到古預言實現，對西班牙人「又崇敬又尊重」，後來「成了一名基督徒」。

當然，卡德納斯范倫西亞錯了。在精神上和幾乎每一個細節上，他的描述只是錯誤的荒唐狂想。但是好幾代以來的西班牙人都這麼信以為真（最終延續了幾百年），而成了侵略、改變信仰和殖民的藉口。就像蒙特蘇馬一樣，圖圖爾修並未把前來征服的人視為預言中應服從的領導者，而是必須應付且（最終不情願地）必須與之妥協的入侵者。圖圖爾修確實居住在馬尼鎮裡，是擁有至高權力的統治者「真人」（halach uinic）。但他所統治的只是一個小區域裡的王國——也許是當西班牙人侵略且結束後古典期時，半島上的十八個王國之一。當歐洲人剛抵達的時候，並不存在統治整個半島的馬雅帝國，從過去就不曾有過。

不過，馬雅城邦確實經歷過帝國統治及其固有的暴力擴張主義。在馬雅北方，中部墨西哥的富饒山谷幾世紀以來見證了那些帝國的興衰。其中至少有兩個（一個以特奧蒂瓦坎為中心，另一個以圖拉〔Tula〕為中心）曾經派遣使者（有些爭議認為是武力入侵）到過馬雅，和在馬雅世界裡建立過某種形式的前哨基地。

大約在進入十六世紀的時候，離現在最近的這種帝國（以特諾奇蒂特蘭〔Tenochtitlan〕為中心的墨西哥城邦，我們稱之為阿茲特克帝國〔Aztec

Empire」）在馬雅西北方的邊界上建立了前哨站。阿茲特克要不是在一五一九年被另一個帝國（西班牙）入侵，它必定會發起侵略行動，而且也許是在蒙特蘇馬的監督之下。

隨後的西班牙－阿茲特克戰爭，並未使馬雅逃過被侵略的劫數。相反的，阿茲特克帝國於一五二一年內部分崩離析之後，西班牙人花了二十五年的時間使用極端暴力、大量奴役和數十萬名中美洲土著戰士，去逐漸接收和擴張那個帝國。從一五二〇年代到一五四〇年代，馬雅地區經歷了一連串的入侵劫掠。只有大量的前阿茲特克人和伴隨西班牙征服者的其他中美洲人從事入侵活動的地方，才成為永久殖民地的據點。那麼，從某種意義上來說，阿茲特克確實發起過侵略行動。

不過，十六世紀的侵略行動，無論是傳統地被視為西班牙拓殖者的征服行為，或是更複雜的「西班牙－阿茲特克」或「西班牙－中美洲」入侵行為，都是既漫長又不徹底的。如同幾世紀前遭遇了來自特奧蒂瓦坎的戰士和拓殖者，馬雅世界未曾也不可能被全面或大範圍地占領、征服和掌控。

古典終結期與後古典期

在猶加敦半島北部最著名且最多人參觀的三個馬雅遺跡，分別是西邊的烏斯馬爾，東邊的科巴，和界於兩者之間的奇琴伊察。當馬雅中部地區及其大城市正經歷古典終結期（所謂的「崩潰」）的過渡期之時，這三個在猶加敦的城邦卻正值政治擴張和文化的繁榮期。

從八世紀到十一世紀期間，半島北半部的所有市鎮，大概都正受控於這三個相互競爭的某一個城邦之下。規範體系和擴張機制源自於之前的古典期：舉例來說，根據某些盛世君主如查克王（Lord Chaak）等人的紀念碑所顯示的證據，聖主們統治烏斯馬爾的時間至少經歷了整個十世紀。在這三個城邦的邊界因勢力變化而不斷變動的交會處，衛星市鎮和邊陲要塞變得相當鞏固——與之前各地區對南方戰爭的模式不謀而合。

不過馬雅人也在他們的藝術建築文化上發展出變體。舉例來說，烏斯馬爾和普克地區的其他城市有大拱門、多層宮殿和醒目的石頭馬賽克立面，和馬雅其他地區的所有城市都不一樣。視覺上的差異，反映出分歧的文化習俗。古典馬雅的多神論仍然存留，但是猶加敦的藝術如今偏好政治領袖化身而成的神靈畫像或塑像，這是古典期的政治體制稍微有所改變的合理證據。例如，由各世系的族長所組成的合議會（multepal），似乎緩和了聖主體制的專制獨裁。在後古典期的猶加敦，大部分的君主不再是神聖的，只是對於合議會握有主導權。議員並非聚在宮殿的謁見室裡低聲密談，而是在草蓆屋（popolna）裡圍成一圈議事。此類證據在後古典期後半的幾世紀裡更為顯著，但是定然要上溯到烏斯馬爾、奇琴伊察和科巴爭奪半島的支配權、貿易路線、附庸城鎮、農產品和貢品，以及南部難民的那個時代。

傳統習俗另一個明顯的差異是「白路」的擴張：為了把首都連接到偏遠的附庸城鎮、防禦地帶和貿易點上，奇琴伊察和科巴建了幾條好幾英里長、塗上石灰粉的大公路，考古學家仍在一一揭露中。利用光達技術的航照調查顯示，「白路」網路比我們在擁有這項技術之前所了解的更龐大。其他區域也是如此（當然包括前古典期和古典期的佩登），在後古典期的猶加敦，國際和城市間「白路」的普及性相當可觀（奇琴伊察至少有三十條）。

奇琴伊察獨特的藝術和建築風格，對馬雅學者來說特別容易混淆和引起爭議。該市區部分的布局，像是結合有列柱的大廳和亞特蘭圓柱、石刻的頭骨堆架（中部墨西哥的納瓦特爾語叫做 tzompantli）、羽蛇神圖像，和使用托爾特克風格的頭飾、盾牌、盔甲和武器的石刻戰士等特色，揭露了與托爾特克（Toltec）相似的軍事文化。托爾特克帝國興起於十世紀，並且統治了中部墨西哥，其繁華的首都圖拉在一一六〇年左右走向衰落。在這段期間的中期，奇琴伊察在猶加敦北部的大部分地方取得了短暫的霸權，與烏斯馬爾和科巴在十一世紀前半期重疊。那這兩條線的發展是怎麼產生關聯的？

長久以來，人們假設這是一個很簡單的故事：托爾特克侵略和征服了猶加敦，在奇琴伊察建立一個區域性的帝國首都，引進新的藝術風格和政治習俗。這些習俗包括和中部墨西哥帝國（從托爾特克到阿茲特克）密切相關的高度奉行儀式、公然處決（所謂的活人獻祭）。再者，托爾特克的民間史講述一位名叫奎札科特爾（Quetzalcoatl，納瓦特爾語的「羽蛇神」）的國王在九八七年遷出圖拉，而猶加敦民間史也敘述在九六七年和九八七年之間，有一個叫做庫庫爾坎（K'uk'ulkan，猶加敦馬雅語的「羽蛇神」）的外來侵略者，把奇琴伊察當成他的首都。故事很吸引人，兩則民間史都追溯到殖民期，彼時中美洲區域間的固有傳統不僅相互影響，也受到西班牙和基督文化的影響。不過，庫庫爾坎的傳說必然遠比圖拉和奇琴伊察的接觸史複雜許多，也許相似於早期的特奧蒂瓦坎和提卡爾之間的關係。

數十年來學者們一直相信，中部墨西哥和奇琴伊察在古典終結期於建築和圖像方面的相似性，只能證明猶加敦城市被軍力更強大的托爾特克占領了。但是大多數的馬雅學者現在相信，在那個期間的大部分時候，那種關係很可能是兩個區域性帝國間持續經濟接觸的結果，而非托爾特克征服該地區的結果。這種接觸可能最後透過王朝聯姻和其他形式的外交交流日趨鞏固，而交流方式展現於使政治領域憑添光彩的獨特藝術和建築風格的發展——基礎概念是馬雅的，即使它看來是明顯的托爾特克風格。

一如圖拉的衰落，奇琴伊察也無法倖免。一旦相信是伊察人（Itza，該城市其後的名稱）幹的，現在學界普遍認為伊察王朝在全盛時期統治了那個城市，然後被其他世族推翻。被迫逃亡之後，伊察的領袖及其同盟者向南遷移，在提卡爾附近建立了較小的王國（仍然叫做伊察或佩登伊察，即西班牙人最終在一六九七年入侵並摧毀的「伊察州」）。

與此同時，經歷過政治碎片化的期間之後，大部分的猶加敦北部又受到單一城邦馬雅潘的控制。它也許早已建立，或由一位名叫庫庫爾坎的伊察國王所建立，也或許是用來使馬雅潘的控制權合法化的國家神話。無論是哪一種，其後柯坎（Cocom）家族在一二八三年興起，並建立起一個合議會式的政府。沒有了「聖主」的專制管理，馬雅潘的市區建設僅包含比較具紀念性質的金字塔和宮殿的簡化版本，鄰近的奇琴伊察也跟著沾光。隨著時間過去，馬雅潘發展成一個擁有兩千棟以上建築物、可容納一萬至一萬五千名居民的銅牆鐵壁大城。大部分的居民來自馬雅潘或鄰近地區，但是骨骼分析指出，少部分的人來自於猶加敦北部（沒有人來自於馬雅地區之外）。

直到十五世紀中葉，血緣、宗族的世仇才爆發成內戰，並且造成馬雅潘區域霸權的崩潰。以馬尼為根據地的修（Xiu）家族在一次政變中廢黜柯坎家族，並且似乎屠殺了柯坎家族成員。但是修家族無法完全取代柯坎家族，或無法完全掌控那個一直以馬雅潘為中心的區域。相反的，半島上又恢復了小王國羅列的模式。在那些王國之中，修家族掌控了一個富裕的王國，而殘餘的柯坎家族掌控了一個小的王國，他們的衝突在一個世紀之後仍然繼續上演——在時間軸上與西班牙的長期侵略有所重疊，也是這段歷史的一部分。

在同樣的七百年間——從九世紀到十六世紀，或從古典終結期到整個後古典期——在馬雅世界的許多其他地區都看得到城邦的興衰。普遍的模式是，區域文化在歷久不衰的馬雅文明中持續發展，並結合本土特色和外來影響（尤其是其他馬雅區域或中部和南部墨西哥）。有兩個地方特別值得一提：東岸（從今日的坎昆到貝里斯）和瓜地馬拉高地。

至少從十三世紀起，一連串的小王國沿著猶加敦東海岸興起、繁榮，包括科蘇梅爾島以北和大河谷裡的貝里斯城市（例如拉馬奈），這些政體也許在馬雅潘盛世下整個半島的穩定局面中獲得庇蔭。不過當馬雅潘在十五世紀中葉解體後，較小的猶加敦城市，例如圖盧姆（Tulum）和聖麗塔（Santa Rita），以及在貝里斯的幾個較大城市，在西班牙人抵達後仍然欣欣向榮，有些甚至維持得更久，一直到十七世紀或之後。這些海邊或河邊的王國並不遠航，但定期沿著岸邊往返於河川、潟湖和海上——五百六十英里長的中美洲大堡礁提供了所需的庇護（從今日的坎昆〔Cancún〕一路綿延到宏都拉斯〕。的確，第一批接觸歐洲人的馬雅人也許是大型獨木舟上載著商品的數十人，當他們在一五〇二年沿著貝里斯海岸南行時，遇到哥倫布第四次航行的船隻。

這些後古典期沿海王國的藝術風格非常相似，從細節中可看出，儘管沒有中央集權的政體，但是所有的東部沿海王國都普遍狂熱於某種宗教信奉。舉例來說，神廟裡的壁畫都有這個地區和時期獨具的藝術風格，特色是減少了人體描繪中的自然主義和大量使用馬雅藍——一種鮮豔的藍綠色色調，在熱帶氣候下仍能長久久維持。儘管這是一種區域特殊性，但有些學者把這種美學稱為「國際風格」，因為它看來和中部墨西哥的藝術創作有相關性，尤其是米茲特克－普埃布拉（Mixteca-Puebla）地區的抄本藝術。這種影響的性質尚未被完全了解，但是中美洲這些迥然不同的區域之間的文化接觸，確實有跡可循。所以，即使在其文明範圍的東部邊陲地帶，馬雅人仍繼續千百年來的傳統——接收（也許是追尋）和吸收來自墨西哥的政治、經濟及文化影響。

瓜地馬拉高地也是如此，那裡的王國很接近墨西哥及其相繼統治的帝國。那些城邦（其中最大的是基切）是否與托爾特克有過直接接觸，或是透過奇琴伊察間接接觸，至今仍不清楚。但是在高地上的馬雅王國，似乎與全盛期的圖拉和奇琴伊察有過某種經濟和文化上的（假如不是政治上的）連繫，就如他們在幾世紀後與阿茲特克維持外交和貿易關係一樣。

基切及其鄰國的政權體制很近似於猶加敦在後古典期發展出來的合議會系統：國家有一個聖主或國王，但是他和被選舉出來的國王共享權力，這兩個國王都被代表不同宗親的議員和他們所掌管的地區或附庸市鎮所認同。基切的王權依循行之有年的模式，在十五世紀擴展到控制了大部分的高地，直到卡克奇奎（Kaqchikel）城邦挺身反叛，重獲獨立。

因此，當西班牙人於一五二一年初次得知高地國家的存在時，基切正是六、七個政體之中最大的，那些國家包括像卡克奇奎及馬梅（Mam）那樣的中型王國，和像祖圖吉爾（Tz'utujil）那樣的小王國。他們擁有共同的文化傳統、共同的起源，往往也有共同的祖先——但同時，他們被多山的地形、不同的語言和長期的政治衝突阻隔。這些事實使西班牙人必須大費周章才能在高地建立起殖民地。

馬雅與西班牙的三十年戰爭

一五二一年，基切王國和同樣在高地的鄰國統治者很快得知，西班牙—納瓦軍隊攻占了特諾奇蒂特蘭。不意外的，他們極想涉入阿茲特克帝國中心權力轉換的長期關係裡——從墨西哥轉換到其他納瓦族（Nahuas，特斯科科〔Tetzcoco〕和特拉斯卡拉〔Tlaxcala〕城邦）和大批湧入的西班牙殖民者。於是他們派遣使者前往墨西哥—特諾奇蒂特蘭城，結果促使荷南・寇蒂斯（Hernán Cortés）的第一支西班牙—納瓦聯軍迅速地正式批准入侵馬雅世界。

由佩德羅・德・阿爾瓦拉多（Pedro de Alvarado）率領的聯軍有三百名西班牙人，超過六千名的前阿茲特克人和其他納瓦人，以及成千上萬名中美洲戰士和支援人員。聯軍於一五二四年襲擊基切王國，摧毀首都烏塔特蘭（Utatlán）大部分的地方，且俘擄並活活燒死基切國王（ah pop）和遴選國王（ah pop qamahay）。在強迫基切戰士參與入侵之後，聯軍大肆劫掠鄰近的數個卡克奇奎市鎮和位於湖畔的蕞爾小國，祖圖吉爾。阿爾瓦拉多建立了卡克奇奎城市，伊須辛切（Iximché，之後重新命名為聖地牙哥，Santiago），作為殖民地首都和根據地，然後從這裡出發征服周圍的馬雅地區。他寫信給上司寇蒂斯，宣布他的成功。然而他真的成功了嗎？

事實上，他沒有。阿爾瓦拉多的軍隊掠奪一個又一個地區，摧毀當地的政治秩序，對馬雅人實施恐怖統治，根本不是在建立新的殖民地和基督教王國。他設計圈套讓基切、卡克奇奎、祖圖吉爾和其他馬雅王國相互傾軋，所帶來的不是「綏靖」（征服者的偏好用詞），而是屠殺、奴役、飢荒、疾病和挨餓。就像隨侵略者而來的天花和其他來自舊世界的疾病，政治動蕩的散播甚至超越了征服者所及之處。

儘管自行宣稱征服成功，阿爾瓦拉多仍在一五二六年放棄了瓜地馬拉高地，把該處留給次年率領更龐大軍力（包括納瓦族和其他中美洲戰士）前來的兄弟荷黑（Jorge）。舊馬雅諸王國已在第一次的劫掠中傾毀，無法聯手抵抗。結果，第二次的劫掠建立了一個永久的西班牙—納瓦殖民地。但是暴力和零星的戰爭一直持續到一五四〇年代，新的殖民地只包含一部分高地，幾乎不含任何中部馬雅地區——好幾個獨立的馬雅政治體延伸深入北方，一直進入猶加敦半島。即使像拉芙若帕茲（La Vera Paz，意為「真實和平」）那麼小的殖民地——位於高地北部，一五三七年由巴托洛梅・德拉斯・卡薩斯（Bartolomé de Las Casas）和其他道明會修士（而非征服者）所建立[2]——也在一五五六年崩潰。那些修士的好意抵擋不住西班牙殖民者對馬雅物產和勞力的需求，後者把馬雅異議者歸類為「造反」，再以造反為藉口去施行暴力和奴役。

西班牙人和馬雅人在瓜地馬拉所經歷的侵略爭戰，很相似於一五一七年至一五四七年遍及整個馬雅地區、侵略者與保衛者之間的「馬雅與西班牙三十年戰爭」。侵略者並沒有迅速占領，而是到處反覆掠奪，造成曠日費時的長期戰爭。西班牙人若不利用非西班牙裔的戰士，是無法建立殖民地的（即使是很小的殖民地）。他們與馬雅人和其他中美洲人結盟，尤其是納瓦人（圖10）。在大部分的馬雅地區，入侵行動都失敗了，無數的獨立小政體在不穩定的殖民區邊境外倖存下來。

戰事開始的第一年（1517），在猶加敦的海灘上，征服者和馬雅軍隊之間發生了第一次全面戰爭。根據記載，西班牙人花了極大的代價取得勝利。但是在我們看來很顯然（除了西班牙的記載，沒有任何資料來源），那次的兵戎相見是威

審訂註2　德拉斯．卡薩斯雖然是傳教士，但對於馬雅人受到壓迫、屠殺的狀況深表同情。因此，他實驗性地建立拉芙若帕茲來保護馬雅原住民。

圖 10-a 這張印製於 1595 年的版畫書籍插圖，係從西班牙的角度出發，重現蒙特霍領軍征服美洲的情景。由法蘭德斯（Flemish）藝術家德奧多雷・德・布里（Theodor de Bry）重新詮釋馬雅戰士與外來侵略者打鬥的景象。（圖片提供：John Carter Brown Library）

圖 10-b　鮮少從納瓦族觀點出發的瓜地馬拉高地侵略事件，發現於殖民期的布畫上，繪圖者是一名特拉斯卡拉族（Tlaxcalteca）藝術家。（圖片提供：Mareike Sattler [1864 Chavero MS]）

震八方的馬雅軍隊獲勝，三分之一的西班牙軍隊被殺，包括其領導者，生還者乘船回到古巴，而不是繼續探索阿茲特克帝國。

戰事的最後一年（1547），在三位法蘭西斯科・德・蒙特霍（Francisco de Montejo）之中至少一位的率領下，猶加敦發生了第三次大侵略活動的最後殺戮。身為父親的「先遣官」（adelantado，擁有西班牙皇室許可的貴族或冒險家，得以前往新大陸進行征服、平定與管理）在一五二七年所率領的第一支遠征隊以失敗告終，同行者包括與他同名的兒子及姪子、阿憑索・達維拉（Alonso Dávila），以及後續相繼支援的其他指揮官。雷亞爾城（Ciudad Real，意為「皇家城市」）是征服者驕傲自大的象徵，它是西班牙人於一五三二年在大多已廢棄的奇琴伊察城區建立的失敗殖民大城。要是小蒙特霍及其同胞相信他們贏得周遭馬雅王國的全面合作是正確的，那今日的考古遺跡便不會存在；它會被剷平並且埋沒在一個擁有一百萬人口的現代大都會之下（如二十一世紀初期的梅里達，建立在馬雅城市蒂奧上方）。但是西班牙人被騙了，在幾個月內，馬雅領導者就觸發天羅地網，把倖存者逐出猶加敦半島。

大部分的征服事件發生於一五一七年到一五四七的三十年間，但並不代表全面征服：各個獨立的馬雅王國一直延續到十七世紀，當時未被征服的地帶（西班牙人有時宣稱那是「杳無人跡的地方」）——在北方的猶加敦殖民地和瓜地馬拉高地往南延的殖民地之間——已擴大規模。其中最大的王國，即佩登州伊察地區最大的政體，在一六九七年之前並未受到西班牙軍隊的攻擊和摧毀。即使在那之後，仍然有獨立的馬雅政體存在，屬猶加敦東部最多。在一八四〇年代階級戰爭（Caste War）的高峰期，這些馬雅政府曾短暫地接管整個半島，並且繼續存活到下一個世紀。一九三三年，猶加敦東南部佐拉地區（Dzula）的一個村莊受到由西班牙裔（Hispanic）所率領的軍隊攻擊，成為最後一個被征服的馬雅獨立政體。

所以很顯然的，「西班牙征服馬雅」的說法根本毫無道理。馬雅沒有被征服，相反的，他們對外來的侵略者和勢力制定出各種反抗與和解的策略，讓他們的文明在過去五百年來得以逐漸地演變、發展。這種反應模式在馬雅歷史中被一直被運用，甚至可能可以回溯到古典期初期。但是這引發一個問題：為什麼各地的侵略戰爭那麼截然不同和曠日費時，卻無法在十六世紀就征服了馬雅呢（無論我們用三十年、一百八十年或四百年的時間尺度來看）？

早期的歷史學家（十九世紀和二十世紀初期的墨西哥和美國學者）有兩個答案，都反映出他們以西班牙為中心的觀點。一個答案是，馬雅地區缺乏能打動征服者的黃金和白銀，他們征服其他地方是受到這些財富吸引的。另一個答案則根植於征服者本身的偏見觀點。有一位美國歷史學家遣責馬雅人是「頑固的」，斥責他們的「抗拒」和「反對」使「征服（馬雅）變得漫長、痛苦又顛簸。」他附和如寇蒂斯等征服者的抱怨，例如，在佩登及其毗連地區的馬雅人「在戰爭中非常好鬥、放肆」，因此對「西班牙人造成了許多傷害」（1525）；並且偏愛建立梅里達的人，感嘆次年（1543）「這些印第安人迫使我們參與許多戰爭，還拒絕我們進入他們的領域，因為他們是不服輸的印第安人，好狠鬥勇的民族。」

到了十七世紀，方濟會修士如卡德納斯范倫西亞和迪亞哥・羅培茲・德・科戈盧多（Diego López de Cogolludo）編寫侵略戰爭的歷史，他們筆下的馬雅人變成了食人魔。舉例來說，科戈盧多宣稱，一五三〇年代晚期在錢波通（Champoton）的沒落殖民地裡，兩名西班牙征服者被馬雅戰士抓住，然後立刻「祭獻給他們的偶像，之後他們依據儀式吃掉那兩人，（根據一種古老的說法）留下一小部分（陰莖？）當作紀念，魔鬼才不會忽略此事，因為凡遇到這樣的情況，他一定要激起他們品嘗西班牙人肉的胃口。」

這種說明並不能滿足我們。事實上，沒有證據指出後古典期的馬雅人是喜好在宗教儀式中屠殺俘擄的食人族，儘管一般大眾（有時連學者也是）擺脫不了「活人獻祭」的想法。這鮮明地反映在近代早期附有發現和征服說明的歐洲木刻印刷，到現代有類似效果的事物之中，例如梅爾・吉勃遜（Mel Gibson）二〇〇六年監製、導演的電影《阿波卡獵逃》（*Apocalypto*）。毫無疑問，馬雅人會依據儀式處決戰俘、罪犯，和獻祭被選中的人民、動物、植物和物品。但是，類似的死刑一直存在於所有的人類文明裡。馬雅社會裡的這種儀式，並不一定都具有宗教必需性，然而西方常常容易把馬雅的死刑誇大和渲染上異國風格，變成都是具宗教性質和以活人獻祭的。馬雅文明中的暴力不亞於任何其他文明，但是也沒有比較多。因此，如果我們從後古典期馬雅政治和軍事文化的角度來審視馬雅與西班牙的戰事，我們便能解釋那些戰爭的本質和結果，同時仍然把重點放在馬雅（而非西班牙征服者）歷史上。

由於馬雅從未在政治上被單一帝國統一，或在文化上被某種共同的本體統一，所以在西元一五〇〇年左右，整個馬雅地區有大約四十個獨立的政體。光是統治家族之間的短期衝突便能使某些政體分裂，其他政體分裂的原因還包括較深的語言和群體認同的差異。用加斯帕爾・安東尼奧・奇（Gaspar Antonio Chi，為馬雅與西班牙戰爭中期出生的修家族成員，後來成為十六世紀猶加敦的馬雅語－西班牙語首席口譯官）的話來說就是：「當征服者入侵這些地方時，它們已經是分裂的，而且每一個都是另一個的敵人，他們能為雞毛蒜皮的小事派出將領大張旗鼓地大動干戈。他們大部分人都赤身裸體，身上畫著黑色條紋，就像一種預示哀傷的符號。」

征服者的指揮官，試圖利用區域衝突去離間馬雅政治體之間（阿茲特克帝國和印加帝國〔Inca Empire〕如何同樣被征服的故事相信也被過度簡化），但只在某種程度上發揮效用。在瓜地馬拉高地，基切、卡克奇奎和祖圖吉爾利用西班牙入侵的擾亂來糾纏舊世仇，阿爾瓦拉多兄弟於是趁虛而入。蒙特霍堂兄弟和達維拉在一五二〇年代和一五三〇年代初期侵略猶加敦東部和東南部，結果損失慘重地倉皇逃命，因為零星出現了由一些馬雅政體組成的抗西班牙聯盟，也因為地方統治者無法抗拒把危險且苛求的外來者送到鄰國的誘惑（受傷、疲憊、迷惘和營養不良的入侵者太容易操縱了）。在北方，修、柯坎和佩奇的統治者在西班牙入侵期間為了尋仇，自願幫助蒙特霍於一五四二年在蒂奧建立梅里達，正如那些王朝對東北方王國持續的反感，幫助了新殖民地繼續殘存十年。

大多數時候，讓相鄰的馬雅政治體們轉而彼此對抗會加深原本就存在的敵意，引發區域性戰爭，以致於延誤或阻礙殖民活動。因此，阿爾瓦拉多兄弟煽動基切與卡克奇奎起衝突，為高地帶來二十年的腥風血雨——可以說，該區域仍然在為這件遺留下來的事情鬥爭。一五四六年至一五四七年發生所謂的「馬雅大造反」（Great Maya Revolt，最後延伸到猶加敦東北方，該地的暴力侵略持續了二十年）並未擴大到殖民地的邊境，從此確保未來數百年這個邊境的存在。西班牙在今日墨西哥金塔納羅奧州（Quiutana Roo）南部和貝里斯的征服行動，註定是失敗的。

離間馬雅政治體的手法，適合短期和小規模的策略。殖民地註定無法健全發展（例如亞卡蘭〔Acalan〕和希格若斯〔Higueras〕），或僅能在艱難中緩緩擴張（例如瓜地馬拉高地和猶加敦西北部）。納瓦人和其他土生土長的中部墨西哥人都願意長徒跋涉去打仗和安頓下來，正如他們幾百年來所做的。但是馬雅人缺乏相等的帝國傳統，相較於遠道而來的陌生人，他們更願意和認識的鄰國戰鬥。發生在基切、卡克奇奎、佩登伊察和猶加敦馬雅之間長途遷徙和遠征的故事，被保留在神話領域的歷史中，而非一種可援引的前例。直到十七世紀，馬雅戰士才開始長途征戰，他們是馬雅統治者麾下的土著弓箭手，前往南部低地作戰。

後古典期合議會形式的馬雅政府由村落領袖（Batab）率領，即專制的君主不復存在。我們無從得知具領導權的合議會享有多少權力（在整個馬雅境內一定會有些變化），但是在某種程度上，他們彌補了擁有各種頭銜和職位（如聯合王、作戰指揮官和宗教領袖）的王朝統治者的行政權。新的約定和聯盟必定要經過複雜的協商，很容易因為（戰爭或流行病造成的）大量死亡或國際政治、王室紛爭而延遲或重來。

可以預期，這種體制會對於該如何應對外來者產生分歧意見。可能從最初的感興趣發展成前後矛盾，甚至友誼變質為敵對狀態。那正是西班牙指揮官所抱怨的，他們的說法是「印第安人」表裡不一。再者，馬雅領導者往往在剛開始的時候懷著極大的興趣歡迎西班牙人，而這被貪婪的入侵者解讀為投降的舉動。想像著速迅獲勝的西班牙人到處建立城市和殖民地，結果卻遭到馬雅人叛亂而陷入絕望。他們壓根沒察覺到，從馬雅人的觀點來看，既沒有投降也沒有勝利。與此同時，入侵者已失去出其不意的優勢，也失去馬匹和鋼鐵的優勢；而馬雅政體獲得的優勢是預料到西班牙人的行為和反應模式。當戰爭展開時，入侵者的野心退縮，悄悄放棄將殖民區從塔巴斯科擴展到宏都拉斯和包圍整個馬雅世界的崇高憧景。

此外，有點矛盾的是，人口流失有助於說明獨立馬雅政體為何能夠倖存。雖然精確的數字仍在爭論中（而且確實有爭議），但一波波的流行病（天花、斑疹傷寒、痲疹、流行性感冒）無疑於十六世紀和十七世紀在馬雅境內交替流行，造成極大的破壞。征服者指揮官（如蒙特霍父子和阿爾瓦拉多兄弟等人）所期待的金礦和銀礦從未出現，或許能用來建立殖民地的主要資源只剩下馬雅人本身。編年史家貢薩落·德·奧維耶多（Gonzalo de Oviedo）在解釋為什麼亞卡蘭（蒙特霍於一五三〇年建立為計畫中整個半島上殖民地的新中心）在一五三一年被遺棄時提到：「印第安人少到無法支援西班牙人，他們能進貢的東西只有食物，沒有黃金。」

在許多時候，人口流失的主因是遷徙，而非流行病死亡數。從馬雅與西班牙戰爭的各層面來看，自十六世紀一直到十九世紀，馬雅人消失的習性觸怒了非馬雅人。有些考古學家推測，在古典期的幾世紀裡，馬雅家庭以遷移來逃避暴虐的政府，或因戰爭或環境改變所造成的不穩定（他們稱之為「離鄉背景的選項」）。因此，策略性的遷徙可能是反抗外來者或本土貴族要求的一種堅決表達的方式，十六世紀時而發生的入侵活動加劇了這種行為模式，繼而造成零散的西班牙殖民地模式。西班牙人的殖民地需要長久穩定的馬雅聚落，因此當後者開始遷移時，前者的根基便動搖了。隨著殖民期時間的推移，這個現象愈演愈烈，馬雅人在十七世紀的策略性遷移，導致西班牙人在猶加敦的勢力範圍縮小，而伊察王國壯大。

被遺棄的城鎮、消失的戰場、虛情假意的友誼、假裝歸順——這所有的策略都被十六世紀及後來的馬雅統治者巧妙地大量運用。當馬雅人運用策略時，他們喜歡在埋伏地點做各種變化——無論是城鎮或鄉間，最好是受限制的空間，而不是空曠的地方（西班牙人可能會運用馬或槍，或為數眾多的土著盟友）。征服者很快便滿腔怨憤的抗議，譴責「印第安人」是野蠻的雙面人，給予「虛假且隱含惡意的」友誼（依照征服者達維拉的說法）。

西班牙人所認為的「策畫好的背叛和陰謀」（如第一屆梅里達市議會在一五四三年的描述），我們可以正確地評價為馬雅人在十六世紀抗拒侵略的傳統技巧，而且屢試不爽。事實證明，這種技巧在其後的幾百年仍然有用，儘管馬雅族群被迫尋找新方法以迎接前所未有的挑戰——來自近代世界的入侵。

第七章

殖民地的開拓

馬雅的相關研究一般都聚焦在接觸期之前兩千年的馬雅歷史（尤其是以古典期為中心的前後幾千年），鑑於考古學家和碑文學家幾乎每年帶來的新發現，這樣的研究重心不會馬上改變。不過馬雅並未隨著古典期的結束或與歐洲人接觸而消失（沒有整個馬雅的「崩潰」，歐洲人也沒有「征服」整個馬雅）。馬雅至今仍然存在。

儘管如此，馬雅人自十六世紀起便在生活和文化的各方面經歷了前所未有的大規模侵略與占領、混亂與瓦解。到了二十一世紀初期，已經沒有獨立的馬雅城邦存在。馬雅世界分割成五個國家：墨西哥、瓜地馬拉、貝里斯、宏都拉斯和薩爾瓦多。這些國家對它們的原住民頂多是勉強接受，最糟的甚至殘暴地毀滅。馬雅族群早自一五二〇年代開始便要忍受各種突如其來的種族滅絕暴力，情況一直延續到一九八〇年代。今日的馬雅人數也許和一千年前差不多，但是假如當時馬雅人占了世界總人口的三%，那麼今日就不到〇．二%。再者，今天雖然有四分之一的馬雅人生活在馬雅境外（大部分在中部墨西哥和美國），但數百年來的異族通婚（和歐洲人、其他中美洲土著以及非裔人士），使原本的馬雅血統變得混雜。

住在馬雅境外、說非馬雅語、但有部分馬雅血統的人，也許放棄了這支血統的意義。但是遷徙和通婚、自願和被迫，已成為近數百年來所有中美洲原住民的歷史核心——他們所有人都有權利主張自己的原住民身分，不管是從他們所希望的何種意義上來看。尊重馬雅的本位有賴於我們的努力，無論他們是小聚落裡的馬雅人、泛馬雅人（瓜地馬拉和墨西哥的馬雅人）或零星流散的馬雅人，並且試著釐清五世紀以來毀滅與倖存、侵蝕與存續的明顯矛盾。

習慣上，我們可以從四個有重疊的時間區段來看接觸後的時期：西班牙入侵的「征服期」；十六世紀到一八二〇年代的西班牙殖民期；獨立的共和國時期（一八二〇年代至今）；觀光和全球化的現代（自一九七〇年代起）。作為一個起點，這些時間區段是很有用的，但是它們在殖民史和國家史上的起源模糊了全觀的馬雅，尤其是馬雅地方分權制（馬雅過去數千年來的特色）的歷史。馬雅歷史不只是一個犧牲者的概括史，也是前殖民期的馬雅在適應力、生存策略和地方性變化等方面的故事。

爭取自主權

透過維持馬雅獨立或自主權的地方性鬥爭，是一個得以了解馬雅在殖民期經歷的好方法。征服者在十六世紀的侵略——集中於我們所謂的「馬雅與西班牙三十年戰爭」——所造成的不是西班牙全面性的「征服馬雅」，而是星羅棋布的西班牙小殖民區。我們特意使用「星羅棋布」來形容西班牙入侵前夕和之後的馬雅境內的小王國、城邦和區域；不管新來者和新疾病造成多大的分崩離析，基本的政治模式幾乎沒改變過。

永久留下來且持續繁榮的只有兩個西班牙地區：一個在猶加敦，包含半島的西北部；另一個在瓜地馬拉，包含高地北部。其餘大部分的侵略活動都失敗了，而且在進入十七世紀的時候，馬雅境內大部分的殖民地都已被遺棄或退縮成彈丸之地。舉例來說，西班牙官員或傳教士偶爾會造訪位於猶加敦西南方、東南方和東北方角落的馬雅城鎮，同行者並沒有非馬雅的永久定居者。在北方（現在的墨西哥金塔納羅奧州和貝里斯），這樣的造訪最後也停止了，讓城市（如拉馬奈等）裡的馬雅人代代自給自足，維持地方性馬雅—基督教的傳統。

把偏遠的馬雅村莊合併到集中式的都市空間，需要建築新市鎮。在半島的西北隅，方濟會監督著十幾個西班牙風格的都市空間建設，許多都建築在前哥倫布時期的廢墟上。在高地上，道明會對這個過程擁有主導權。每個新市鎮的建築都遵守一五一二年首次成立於加勒比海的《印度群島法案》（Laws of the Indies），都會有一個中央廣場和修道院建築群。馬雅的工人和藝術家建造了這些令人嘆為觀止的不朽建築，仿效了前哥倫布時期宗教建築上的社區參與。新的都市環境變成西班牙天主教傳授福音和西裔化活動的舞臺，教義問答、語言課程、儀式和其他形式的社區活動，都聚集在每個修道院前的大型露天庭院／中庭。其後數十年，這些教堂成功地變成許多馬雅人引以為傲的地點，由於天主教把基督教信仰嫁接到原住民信仰上，後來的天主教已經真正成為馬雅的信仰了。

儘管有方濟會在猶加敦、以及道明會在瓜地馬拉的入侵，但到了一六〇〇年，大部分的馬雅地區仍然在西班牙的控制之外，而且在獨立馬雅王國和政體的掌握中。在十七世紀期間，那些政體和殖民區之間鬆散和時而波動的界線，其變動總是有利於馬雅。以佩登地區（曾是古典馬雅的心臟地區）為中心的伊察王國，甚至擴展得更壯大。那種趨勢的逆轉緩慢發生在西班牙與英國兩大帝國競爭的期間。英國於一六〇〇年代在特爾米諾斯潟湖（Laguna de Términos，位於猶加敦西南方的墨西哥灣沿岸）建立伐木聚落，在西班牙人的攻擊下倖存至一七一六年。在衝突中被抓的馬雅村民通常被英國人奴役，從此消失在廣大的大西洋奴隸體制中，或是受到西班牙人或殖民區馬雅民兵的脅迫，歸化為西班牙猶加敦人。

一七一六年以後，英國伐木工把活動地點調整到半島基地另一側的貝里斯河畔。十八世紀期間，當他們再往上移動到鄰近的河附近時，引起西班牙人更多的攻擊，於是馬雅人逃離沿海地區，獨立的政體便消失或縮小了。馬雅人從未完全離開貝里斯地區——儘管英國宣稱那兒杳無人跡——但是在十九世紀末期逐漸復元之前（得助於來自猶加敦和瓜地馬拉的馬雅移民群），他們的人數變得很少。與此同時，在一六九七年，西班牙軍隊蔓延到伊察王國，同樣造成十八世紀佩登區的馬雅人口銳減。

殖民期馬雅民兵的成立，是為了幫助西班牙殖民地抵抗來自英國和其他海盜的攻擊，不過他們也被用來與獨立的馬雅政體作對，他們的存在阻礙了馬雅聚落在西班牙帝國威赫下所能維持的自主權。西班牙移居者的少數族群從未企圖直接統治全美洲的原住民城鎮，相反的，那些移居者受到他們自家官員的管理，叫做「西班牙共和體」（república de españoles），而如馬雅人等原住民由各地方自行管理，這個與前者平行的體制叫做「原住民共和體」（república de indígenas）。

這種制度有其限制：馬雅精英被剝奪了地方上的政治勢力，至少是正式且公開的，而且被要求作為殖民地貢物蒐集及勞力剝削系統的中間人。在西班牙統治的美洲地區，「委託監護制」（馬雅城鎮和村莊須支付勞力給指定的西班牙人）在馬雅與西班牙戰爭結束前就已經技術性的廢止了，不過，馬雅殖民區的「委託監護制」在現實上一直存續到十八世紀。然而，組成地方議會的人就是同樣那批在幾世紀前就掌握住統治權的世族成員，他們擁有同樣的頭銜和類似的責任與特權，在猶加敦和瓜地馬拉統治著馬雅自治社區。

在殖民區的馬雅聚落並不是封閉的，往往很歡迎混種和非裔移民——儘管西班牙法律反對異族通婚。舉例來說，非裔猶加敦人（Afro-Yucatecan）小規模但穩定地移入馬雅村莊，意味著到了十八世紀末期的猶加敦鄉村，他們在種族上已是非裔馬雅人（Afro-Maya）。瓜地馬拉也有類似的模式，在高地和太平洋沿岸之間存在著各種變化。但是在大部分地區，這些移民承襲馬雅氏族的姓氏，說著他們結婚對象的語言，做的是種玉米的工作。殖民期的馬雅自治社群是古代馬雅政治體的繼承者，他們與地方和世系的關係牢不可破，強大到足以吸收新來者。

這種社區的統治議會裡最顯著的就是「公證人」（ah dzibob），繼承了古典期文藝創作者的偉大書寫傳統。他們用稍微修改過的羅馬字母來寫馬雅文，透過記錄土地所有權、提起訴訟、遞交請願書和處理殖民地在法律制度上各方面的事情，以助於維持社區自治。表揚或譴責特定西班牙官員和傳教士，以及要求減輕特定貢物和勞力負擔的請願書，會從猶加敦和瓜地馬拉送到墨西哥市的總督手上，甚至送到西班牙國王手上。這類請願書以馬雅文或西班牙文書寫——或很罕見地由納瓦族戰士的後裔以納瓦特爾語書寫，他們在馬雅與西班牙的三十年戰爭中與西班牙侵略者為伍（圖10 b的描繪包括：瓜地馬拉的馬雅人在爭奪王權的全面戰爭中，被獲得騎馬的西班牙指揮官協助的特拉斯卡拉族戰士擊敗）。

二十世紀初期的馬雅學者把這個半真相珍貴地收藏在教科書裡：第一批猶加敦的方濟會修士中最著名的迪亞哥．德蘭達，燒毀了所有殘存的馬雅抄本和書卷。德蘭達在一五六二年反對「偶像崇拜」的暴力活動，的確以公開焚毀古抄本、也許數百或數千本書卷和雕像告終。但是其後的兩百年左右，全馬雅境內社區裡的長者繼續守護和複製這些物件。因為一代接著一代的西班牙傳教士都描述過找到這些東西後又摧毀，而在極少數的狀況下，會出於好奇而保留它們。令人惋惜的是，在殖民區，這類用於祭祠的紀念物僅有少數被永久記錄在古馬雅書籍裡。舉例來說，似乎是指揮官之子佩德羅・桑榭・德・亞居樂（Don Pedro Sánchez de Aguilar）和一六〇三年至一六〇八年在猶加敦東北部從事反偶像崇拜活動的一名傳教士，在一六一九年把一本無價的多摺頁式抄本帶回西班牙，即現今著名的《馬德里抄本》。

與此同時，馬雅的書吏（了解到以象形符號和象形文字等傳統媒介寫成的書，正遭受西班牙傳教士的譴責和摧毀）開始把這些書裡所保留的資訊，謄寫成新的拼音馬雅文本。記錄土地買賣和遺囑的同一批公證人，也保留了本土的歷史和其他類型的知識——曆法、植物學和醫學等。這種書籍部分傳抄自古代的象形文字抄本，部分轉錄自天主教教義和其他歐洲的原始資料。發現於猶加敦的《契蘭．巴蘭》和基切的《波波爾烏》，便是這當中最著名的。十幾版《契蘭．巴蘭》和以各種馬雅語寫成的類似抄本，加上四本殘存的前殖民期象形文字抄本，以及大量殖民時期的聚落歷史，一般稱為「典籍」（titulos），是現今馬雅人的無價文化和智慧遺產，和馬雅學者在原始資料上的珍貴發現。

因此，在接觸歐洲人之前對馬雅人來說很重要的藝術傳統，有受到改變，但沒有被摧毀。藉由以拼音字母取代象形文字，馬雅人繼續創作和複製書籍，他們也繼續雕塑小雕像放在家理珍藏——愈來愈多被雕成聖徒或聖母瑪莉亞。同時，婦女成功地把編織傳統一代代傳下去，成效驚人；習慣上，他們用背帶式織布機織出刺繡衣或束腰外衣（ipil），雖然融入新的材料和樣式，但基本設計和用途——顯示馬雅穿著者的身分——仍存續至今。

在殖民統治下，儘管有其侷限，自治區對於傳統文化保存的努力是有成效的，但是十九世紀開始的體制改變，對馬雅聚落造成衝擊。從一八二〇年代開始，新共和體政府設法更全面地將原住民整合成民族國家。當時地方的自治政府已陳腐破敗，地方上的聚落土地破碎不堪，他們的法律基礎被摧毀，施行起新的勞力剝削體制。這樣的改變往往藉著進步和現代化的名義，剝奪馬雅聚落數百年來用於耕作和栽植的土地，強迫他們像奴隸一樣的工作，種植黃邊龍舌蘭（猶加敦北部）或咖啡（瓜地馬拉南部）。

到了一八四〇年代，馬雅聚落開始抗拒這種新征服浪潮，寧願面對日益增加的暴力對待，這樣的情況持續了一百五十年。猶加敦的西班牙裔統治階層曾短暫地宣布該半島是一個獨立的共和政體，甚至要求准許加入美國聯邦，然而派系之間的衝突在一八四七年終於演變成內戰。兩邊都各有馬雅人擁護，但是當東南方各個獨立的馬雅政體組織起一個暫時的聯盟來對抗梅里達政府時，得到了大多數馬雅士兵的響應。他們控制了幾乎整個半島，但在被梅里達政府包圍的情況下，權力並不牢固，之後聯盟也隨著士兵返鄉種植玉米而崩解。西班牙裔精英把那次抗爭歸類為種族戰爭，稱之為階級戰爭。一八五〇年在東部又再次擦撞出衝突的火花，其後延燒了五十年，一直到一九〇一年，墨西哥政府軍隊才攻下獨立馬雅人的首都。

「說話的十字架」（Talking Cross）是一個跨政治及宗教、為原住民預言未來的組織，在它的支持下，獨立的馬雅政府得到「十字」（cruzob，即對應猶加敦馬雅語複數形「十字」的西班牙文）的稱呼。「十字」政府正式成立於一八四九年，南與英屬宏都拉斯（現在的貝里斯）接壤，大英帝國承認其為一個獨立的國家，直到一八九三年為止（因「十字」在攻占今貝里斯北部的前哨基地巴卡拉爾〔Bacalar〕時殺害了英國人）。

在一九〇一年後「十字」政府只是其前身的影子，「十字」的將軍法蘭西斯科·梅（Francisco May）一直到一九三五年，才與墨西哥政府簽署正式和平協議。另一方面，馬雅人在東南部的馬雅村莊和古遺址（例如圖盧姆）裡堅守著「說話的十字架」信仰，一直到二十世紀末期。最後摧毀猶加敦東南部殘存馬雅自治區的並非墨西哥政府，而是自一九七〇年代開始爆發的國際觀光熱潮。現在每年有三十五萬名以上的觀光客湧入圖盧姆，在某些月份更吸引了比墨西哥和瓜地馬拉其他考古遺址更多的觀光客。

十八世紀在南部地區，馬雅人有感於西班牙人在殖民地的道義經濟（moral economy）暴力，偶有反叛事件。換句話說，馬雅人在有限度剝削的情況下，接受西班牙的殖民政策，當馬雅領導者相信西班牙人超出限度時，他們便策畫謀反。一次發生在一七一二年的恰帕斯州，另外三次發生在一七三五年到一七六八年之間的瓜地馬拉高地。一八二一年之後隨著殖民政權的消失，道義經濟再次被上行下效的濫用，於是馬雅人試圖矯正此風氣和重新談判。相較於十九世紀中葉的猶加敦，瓜地馬拉的馬雅人在拉斐爾．卡雷拉（Rafael Carrera）的政權下得到暫時的喘息。卡雷拉擁有部分馬雅血統，他利用馬雅人的反叛在一八三八年領導革命，其後一直領導瓜地馬拉並主導中美洲的政治，直到一八六五年去世。不過，一直到卡雷拉的統治時代結束，連他本人都不斷鼓勵在各地栽種咖啡，因此馬雅的土地和工人仍然遭受侵占和剝削。

在卡雷拉之後，西班牙裔精英動作迅速地徹底消除馬雅境內剩餘的合法保護，以及原住民社區的自治權。其後八十年裡，一個又一個的專制總統和軍事獨裁者把瓜地馬拉變成一個大部分土地由少數富有的精英持有的國家，致力於讓其出口單一化（最明顯的例子就是咖啡），貧窮的大多數人（大部分是馬雅人）在極糟的條件下辛苦工作，毫無政治自由。

然而局勢在一九四四年開始反轉。隨著法西斯主義（fascism）在全球流行，瓜地馬拉人民得以將軍人趕出政界、選舉總統，而這個總統在競選時承諾，會把傳統土地的使用權、政治權力（至少有點類似自治權）歸還馬雅聚落。但是改革者對國家的大家長心態，折損了對馬雅自治權的尊重。再者，所謂的「瓜地馬拉之春」只持續了十年。

一九五四年發生一場由美國中央情報局（ＣＩＡ）組織、得到美國政府支持的政變，軍方又奪回政權。他們得到美國在經濟和軍事方面的支持，用日益增加的國家恐怖活動支撐一連串的鎮壓手段，激起馬雅聚落有系統的抗議示威，以及非馬雅游擊隊組織的形成。這場未經宣告的內戰在一九六〇年代犧牲了將近一萬條人命，到了一九七〇年代更甚於此。愈來愈多的馬雅村民在衝突中被捕，並且被軍方政府指控為游擊隊提供支援。在一九七八年，被軍方屠殺的末武裝克克奇族馬雅人（Q'eqchi' Mayas），包括兒童，超過一百名，使內戰逐步擴大為對馬雅人的滅種活動，所有的馬雅村莊都被剷平。到了一九九〇年代初期，衝突轉向聯合國贊助的和平協議，被殺害的人數達到二十多萬名，其中許多是在被「消失」或折磨後才遭到殺害，大部分都是馬雅人。有一百萬人被迫遷移，其中十分之一的人遷到南方的國家——同樣的，絕大多數都是馬雅人。

就大規模出口農作物的馬雅聚落而言，戰爭加重了對它們的負面影響。正如十九世紀的反原住民暴力結合經濟自由主義使馬雅人流離失所一樣，二十世紀新自由經濟政策結合政府倡議的暴力激起了滅種行動，迫使馬雅流浪者和難民流落他鄉。

隨著瓜地馬拉內戰趨緩，馬雅聚落開始尋找新的方法去恢復、重組，和重新爭取在強大的民族國家與日益增加的全球化背景下的自治權。一九九二年是哥倫布首航五百週年，激勵了馬雅知識分子和激進主義分子將他們對過去五百年的觀點呈現出來。結果，馬雅知識復興促成了從瓜地馬拉蔓延到其他馬雅地區的泛馬雅人運動。此外，莉戈貝塔・曼朱（Rigoberta Menchú）也在一九九二年獲得諾貝爾和平獎。她是基切族馬雅人，她的家人於一九八〇年代初期在瓜地馬拉遭到折磨和殺害，她在一九八四年出版回憶錄（儘管後續對其中有多少她的個人故事，以及有多少馬雅經歷有所爭議），她獲得諾貝爾獎，以及其後數十年的激進主義，都有助於為馬雅自治權的起因提供一個國際概況。

同時間，墨西哥恰帕斯州每況愈下的經濟狀況，加上政治腐敗和鄰國瓜地馬拉內戰帶來的難民潮，激起了一九九四年索西族和澤塔族馬雅人（Tsotsil and Tseltal Mayas）在該州的暴動。政府派遣了軍隊，但是並未發生令人擔憂的薩帕塔（Zapatista）民族解放軍的暴力鎮壓和馬雅村莊大屠殺。隨著網路時代的到來，薩帕塔人懂得利用全球新聞媒體和社交媒體去搏取同情和支持。他們的軍隊進化成政黨，叛亂進化成運動，他們的競選活動變成整個馬雅境內所使用的許多政治、立法和法律工具之一，藉以重獲或取得原住民聚落的某種自治權。舉例來說，在貝里斯南部，一直以來，克克奇族馬雅人為了土地和聚落自治權被侵略而抗爭，從國家和國際的層級上不斷與政府交涉（如同在恰帕斯州和瓜地馬拉的馬雅人一樣）。

失落與發現

從十六世紀到二十世紀，馬雅在歷經殖民主義和國家主義的同時，古馬雅的故事也不斷被揭露出來。親眼見過馬雅鄉鎮和城市的第一代西班牙人，不太會質疑當地居民興建城鎮和繼續住在那裡或附近的簡單事實。舉例來說，迪亞哥·德蘭達指出，猶加敦半島上的大型建築很顯然「除了這些印第安人，不會是別人建造的」。但是其後的幾個世紀裡，西班牙人（以及大量的歐洲人和之後的北美洲白人）轉變了那種觀點。結果，荒廢的馬雅城市（一次又一次地）變成被「發現」的城市，誰建造它們的問題也被編造成一個謎。

觀點的轉變有幾個原因。第一，在馬雅地區長期的遷徙模式（尤其是中央地帶構成所謂「崩潰」的改變）意味著，有些鄉鎮和城市在西班牙人入侵和探索時已經被遺棄了。第二，征服期的暴力和傳染病的衝擊，導致整個馬雅地區人口急速減少，連沒有被併入西班牙殖民區的地方也是。西班牙人首次大舉入侵馬雅諸王國一百年後的一五二〇年代，馬雅總人口數已經下降達八十%左右（從很粗略估計的一千萬人到兩百萬人）。

第三，西班牙人在有殖民地的地方採用強迫安置政策，在已經潰散的市鎮裡勉強生活的居民被安排遷移到一個中央市鎮——便於使馬雅人皈依基督教，並且利用他們作為勞力和物產的來源。同時間，有些城市得到在建築物方面的市容整頓或重建。舉例來說，在猶加敦，隨著蒂奧改稱為梅里達，伊茲馬（Itzmal）改稱為伊薩馬（Izamal），歐式建築取代了皇宮和其他馬雅房屋，神廟被拆毀，修士下令將教堂建在金字塔的基座上。這種建築上的轉變，也進一步吞食了歐洲人心中的觀念，他們不再認為那些周遭的「印地安人」與過去在同一地點建造出偉大城市的人是有關連的。

這種觀點的改變是漸進的。早期造訪馬雅古蹟的西班牙外來者描述他們所見所聞之時，他們假定建造者是當地人。舉例來說，在一五三〇年代探索帕連克的方濟會修士賈辛托・嘉里多（Jacinto Garrido），把該城市描述得細緻入微；一五七六年迪亞哥・賈西亞・德・帕拉西歐（Diego García de Palacio）在一封致西班牙國王的信裡，把科潘描繪得詡詡如生、躍然紙上。既沒有想像中的異國建築師，也不是受到外來的影響。與此相似的情況是，一個世紀之後，在一六九七年西班牙摧毀位於佩登的伊察馬雅王國前夕，往來於該王國和猶加敦殖民地之間的傳教士偶然間發現提卡爾和亞須奇蘭，之後毫不懷疑地說那是馬雅人建的——即使並沒有這樣的標示。

即使在這些早期的描述中，我們都可以找到後來被探險家和作家醞釀成神祕之事的原由。嘉里多深深迷上了他在帕連克發現的象形文字，把它們想像成

「迦勒底字母」（Chaldean letters，以某種版本的敘利亞字體書寫的阿拉姆語〔Aramaic〕，也許是他唯一知道的非拼音文字）。賈西亞・德・帕拉西歐被科潘古建築「富麗堂皇」和「鬼斧神工」的格調震懾住，寫道：「那麼原始的原住民，絕對不可能建造出像這樣的地方。」至少他把廢墟歸因於我們所分類的馬雅人，相信當地的傳說：「古時候有一位來自猶加敦的偉大神明，建立了這些雄偉的建築物。」（也許是趣味地附和了創建於特奧蒂瓦坎、從四二六年到八二〇年統治科潘的王朝）

然而到了十八世紀，大家普遍假定，馬雅城廢墟的古石造結構不可能是住在附近甚或居住其間的當地人祖先建造的。在十八世紀後半，西班牙開拓者、傳教士和其他官員定期造訪、損毀和劫掠帕連克等城市。從一位造訪者安東尼奧・德里奧（Antonio del Río）的話裡可看出已經變得很普及的見解，他推斷，雖然古羅馬人也許並未真的征服馬雅，但羅馬人一定到過那片土地上，鼓勵「那些原住民接納羅馬的藝術概念，作為他們殷勤款待的報酬」。

在十九世紀，出版馬雅廢墟報導和圖像描繪的探險作家重新提出德里奧的觀點，十分堅信他們（一次又一次）發現了一個屬於舊世界的文明。有影響力的紳士學者，像是尚．弗雷德里克．瓦爾德克（Jean-Frédéric de Waldeck）和金斯堡子爵（Lord Kingsborough），都在尋找馬雅受到古羅馬、希臘、埃及、希伯來或印度影響的證據。如果找不到，他們就想像或創造出來。當這些歐洲人要把古馬雅城市的藝術和建築畫出來的時候，他們把遺跡的風格改變得像是近東的藝術風貌。裡頭有大象和其他非原產於美洲的動物，到處都是各種「異國」情調的東西。因此這些早期的前攝影期描繪，反映出來的是那個時期的「創意繪作」——最明顯的是浪漫主義和對歐洲帝國主義的頌揚；他們創造視覺證據來支持歐洲人（而非古馬雅人）在幾千年前創造馬雅文明的理論。

受到瓦爾德克的啟發，美國旅遊作家暨外交官約翰．洛伊德．史蒂芬斯（John Lloyd Stephens）也「發現」了一些遺跡，例如帕連克和烏斯馬爾，與他同行的還有一位英國建築師弗德瑞克．凱瑟伍德（Frederick Catherwood）。史蒂芬斯的生動描述，加上凱瑟伍德引人入勝的插圖，使得出版作品暢銷不墜，自一八四〇年代至今不斷勾起大眾對馬雅的興趣。相較於瓦爾德克，雖然史蒂芬斯更把馬雅文明歸功於本土的「印第安人」，但是他也讓馬雅歷史是一個待解之謎的概念繼續延續下去。

繼史蒂芬斯和凱瑟伍德之後，對馬雅興趣的潮流（我們可以從現在開始稱之為馬雅研究）分為兩大主流。其中之一的熱烈愛好者繼續想像發現於馬雅廢墟裡的藝術和成就是外來的，而且這支主流的支持者絕大多數是業餘人士（或至少是非學術性的），含高度推測性，傾向稀奇古怪的說法。一位馬雅學者評之為「馬雅考古的瘋狂愚妄者」。正如瓦爾德克在馬雅藝術中看到大象一樣，十九世紀末期的探險考古學者，如德西雷．查納（Désiré Charnay）和奧古斯塔斯．勒普朗根（Augustus Le Plongeon）——撇開他們所拍攝的照片的長久價值不談——堅信馬雅文明與古代亞洲或地中海有著不可分割的神祕關係。舉例來說，勒普朗根堅稱馬雅和埃及是透過失落的亞特蘭提斯大陸（Atlantis）而產生連結的，他影響了英國的偽科學者暨作家詹姆斯．邱吉沃德（James Churchward），後者在二十世紀初期主張，古馬雅人（就像古埃及人一樣）是失落的太平洋大陸「穆」（Mu）之文明的遺民。

古埃及的文物研究和大眾狂熱，在二十世紀初期造成非學術性馬雅研究的偽科學流派，到了一九六〇年代被新興的「遠古外星人」理論（在「史前接觸期」的早期人類曾向外星人學習文明）取代。這個理論最著名的散播者是瑞士作家艾利希．馮．丹尼肯（Erich von Däniken），他所撰寫關於史前接觸的書籍大賣將近一億本。一九六八年首次發行的《諸神的戰車》（*Chariots of the Gods?*）在某些排行榜裡是一直以來的前三大暢銷書，該書指出，十七世紀的帕連克君主巴加爾二世（K inich Janaab Pakal）的石棺蓋上，把巴加爾描繪成一個坐在太空船控制室裡的太空人。

這類觀點看起來有多荒謬離譜，專業的馬雅學者就有多努力去消除那所有「瘋狂愚妄」的文化混雜、失落大陸和與外星人的史前接觸等理論。但那些觀點依然盛行不墜，並且比具有可靠證據的專業考古學家的科學報導觸及更多的讀者和電視觀眾。那些對於馬雅奧祕執迷不悟的觀念誤導了大眾，而且讓新殖民主義的假定永不磨滅——非白種人無法成就任何像馬雅文明那般輝煌的功績。

追隨史蒂芬斯和凱瑟伍德的另一大主流馬雅研究，其基本假設是古馬雅文明是原生的——它是大中美洲文明的一部分（從墨西哥北部延伸到馬雅地區的南部邊緣），而且只受到其他有接觸的中美洲文化的影響。的確，這支在專業、大學、學術領域領導馬雅研究（主要但不是只有考古學）發展的主流，後來在二十世紀為那兩種有相互關連的文明（中美洲和馬雅）做了劃分與說明。

在一八〇〇年至一九二〇年科學考古剛萌芽的時候，學者如阿弗列德·莫茲列（Alfred Maudslay）等人把馬雅研究的領域改造成一種系統性的努力成果，去記錄、描述、描繪和拍攝每一個馬雅象形符號、紀念碑和建築物。在其後的數十年裡，各種學科的團隊計畫讓馬雅學者的現代考古願景成真。儘管重視僅是透過推測的資料蒐集和仰賴各自推理的同儕評估，二十世紀的學術主流並未完全跳脫其普遍起源——非學術主流。專業的紳士學者就某些方面而言，正是業餘的紳士探險家的承繼者。

因此，在一番浪漫情懷的操作下，古馬雅人變成愛好和平的農民，受到會占星的神權主義者（文明人的十足典範）的統治。由於在一九七〇年代以前破解的象形文字大多與天文和曆法有關，因此造成了這樣的印象：這些主題是古馬雅精英唯一感興趣的人生經歷。所以，一般大眾這麼容易接受「外星人把文明傳授給古典期馬雅人」的觀念，也無須意外。由於在二十世紀大部分時間裡，學術上對「愛好和平的」馬雅人的投入，因此馬雅人幾乎變成了「非人類」。對此，考古學者喬治・斯圖亞特（George Stuart）說道：「溫文儒雅的天文學家總是凝望著天空，永遠不食人間煙火。」由於一九七〇年代以前的實地考察大多著重於城區的大型建築物，即皇宮和神廟的衛城，所以那些城區被視為只用來舉行儀典，城市也不被視為真的城市。那麼，考古學者還必須找出，古馬雅世界的農民居住在哪裡。

這個觀點最著名的擁護者是艾瑞克・湯普森爵士（Sir Eric Thompson），直到一九七五年去世之前都在對馬雅研究發揮他具控制性的影響力，但此後，從前被排斥的相反意見得以撥雲見日。隨著二十世紀末期發生破解象形文字的重大突破，加上考古工作開始轉往較小的遺址、郊區和非精英階級的生活空間，馬雅變得更像是具有都市、戰爭和其他人類文化的文明。

這並不是說（對其他非學術為主的馬雅研究來說非常重要的）神祕元素已從莊嚴的學術光環上漸漸消失。馬雅學者有時候仍然會被我們為大眾包裝好的解讀版本所影響，並且苦苦尋求資金做代價昂貴的考古計畫。因此，我們有時候過度誇張描述我們工作的兩個面向——發現與消失。正如西班牙傳教士和歐洲紳士探險家在過去幾個世紀一次又一次的發現遺址一樣，馬雅學者也不時「發現」早有人知道其存在的宮殿和城市。

於是誤導的矛盾議論就這麼延續著：馬雅是文明隕落和人口消失的象徵，但學者和激進分子不斷強調，馬雅的消失既不在古典期結束、也不在殖民主義和國家主義猛烈襲來的時候。馬雅文明仍有待發現，儘管它從未停止存在和可以被看見。

適應的挑戰

在馬雅爭取維持某種程度的政治自治權的各種歷史中，馬雅聚落和個人也遭遇看似永無止境的初體驗和新觀念——從進口商品到新的疾病和飲食，到文化和技術的改變。自十六世紀起，吸收和適應新的東西、馴養動物、食物、宗教觀念、家庭和社區概念，便成了一把雙面刃。

舊世界的人們和動物傳入馬雅的病毒和其他病原體並未帶來任何好處，馬雅在十六和十七世紀不斷遭受疾病的侵襲，人口減少至前殖民期的十到二十%左右程度，然後從十八世紀開始才慢慢復元。不過從舊世界引進馴養的動物（大多是馬、牛、羊、豬和雞），促成了更多元化的飲食以及烹飪技術的進一步發展。由於馬雅人並未受到（或沒有機會）西班牙人習慣的吸引，像是重度攝取肉類和小麥，以及植物油和動物油的日常使用，因此對馬雅人健康的影響是正面、均衡的。但另一方面，尤其在十八和十九世紀，因為飼養牛羊而對環境造成的衝擊，以及非馬雅人強占馬雅土地作為牧場，就不是正面的影響。

同樣的，雖然馬雅人很快接納了許多新的作物，例如新品種的橘子樹，但栽培甘蔗和咖啡卻對馬雅某些地方的本土聚落帶來了毀滅性的影響（最明顯的是十九世紀晚期和二十世紀初期的瓜地馬拉）。糖也帶來了廉價的甘蔗酒（aguardiente），對健康造成的傷害比傳統的發酵飲料更甚。發酵飲料的攝取往往受到相關的社會和宗教儀式的限制，例如瓜地馬拉的奇恰酒（chicha，原料是玉米）和猶加敦的巴契酒（Balche'，原料是樹皮和蜂蜜）。對引進作物的外在需求，為馬雅農民同時帶來機會與危機。舉例來說，在差不多要進入二十一世紀的時候，令卡克奇奎族馬雅農民難以抉擇的是，要栽培供本土食用的玉米和豆子，還是有利可圖但多變的青花菜出口市場。

這個故事很相似於過去五百年來傳入的物資和技術的歷史。鐵和鋼讓耕種更容易，火藥讓捕魚和狩獵更輕鬆。但是關於這種清除更多林地和減少其中野生動物的能力，是利弊交雜的。之後交通和電信革命（從鐵路到公車、汽車和機車；從電話和電視到網路）滲透和影響了馬雅聚落，有利於馬雅族群移居。族群移居所包含的不只是戰爭難民，也有未受磨難但往遠方尋找工作機會的家庭（無論是在美國、墨西哥市或坎昆和不斷擴張的馬雅里維耶拉〔Maya Riviera〕），但仍能維持聚落連繫。

馬雅語言的歷史自十六世紀起同樣也是一個關於得與失、改變與存續的故事。一方面，馬雅語言的數量下降，倖存下來的在西班牙語和英語的影響下失去了字彙和文法的特色。現代化的教育體制（直到本世紀）用的是西班牙文，馬雅文的讀或說一般是禁止的。大部分的馬雅人說的是雙語（或多種語言），而且數量在持續增加中。

另一方面，有些馬雅字彙來自於西班牙文和英文——正如他們在十六世紀前後曾與納瓦族接觸而傳入納瓦族的字彙，因為改變本來就是語言固有的本質。此外，起初看似在侵蝕馬雅語言基礎的現代奇蹟——電視、網路、全球化——幫助了原住民語言復興。現在可以從各種環境中（從猶加敦語的正式語言課程到歌唱節目和饒舌音樂節目）聽到愈來愈多的馬雅語。

改變、接納與混雜都是文化常態——無論焦點在於觀念、實踐、活生生的東西，或是實質物體。這個道理不只適用於馬雅，也適用於所有的社會；而且它同樣適用於所有的馬雅歷史，不限於殖民期和現代。結果是有失也有得，失的是被侵略和犧牲，得的是文化豐富和文明發展。二十一世紀的整個馬雅世界——從瓜地馬拉的泛馬雅運動人士和恰帕斯州的薩帕塔族，到原住民聚落領袖和猶加敦及貝里斯的本土政治人物，再到流散的馬雅知識分子、激進分子和受薪勞工——文化混雜增加了對自治權的爭取。

馬雅人拒絕放棄他們的根源，同時，他們也排斥僅僅在表面上對傳統文化特色的提倡，而選擇繼續開放討論身分，和大量借用各種意識型態、文化和政治形式。於是，馬雅不斷地創造它強而有力的新混雜形式和定義。這個事實在二十一世紀表現得最為明顯，但它也同樣表現在過去的幾世紀裡：例如，馬雅曾經接納和改造羅馬字母，或是馬雅聚落大量接納天主教並將其本土化，而造就出各具區域特色的馬雅基督教。這些基督教無論是十六世紀末期在猶加敦西北部由方濟會修士和佩奇王朝維持的，或十七世紀在貝里斯城市裡由獨立的馬雅教士維持的，或二十一世紀初在瓜地馬拉由新教牧師和聚落領袖維持的，它們都是馬雅的宗教組織，就像古典期提卡爾的宗教一樣。的確，對於適應的挑戰就跟爭取自治權一樣，對於馬雅來說並不是新事物，對於十六世紀的馬雅來說也不會感到陌生。

二十一世紀的馬雅世界

馬雅自接觸期以來的幾百年經歷，激起了一種文化混雜；馬雅文明繼續與外在世界接觸，並且根據它自己的內在動力和傳統去演變。演變的結果便是馬雅今日生活中看起來「過時」的文化層面，或顯然由過去傳承下來的習俗和信仰。其他看來實屬現代或傳入的事物，最明顯的是馬雅人透過新科技或個人流動與外界的接觸。無論這種現代文化在學術上有什麼意義，重要的是要認清，馬雅人本身在觀念上不認為他們的社會有一絲一毫的「混合」或「混雜」；它是一個獨立自主的文化系統，完全獨立於創造它的歷史文化之外。

二十一世紀初期的馬雅世界是高度擴散和變化的，不只延伸出墨西哥和瓜地馬拉、貝里斯及宏都拉斯之間的國界，也伸入美國、加拿大和歐洲。有些馬雅人過著高度本土化的生活，而有些則高度移動和遷徙。馬雅社區有鄉村型也有都市型，有說馬雅語的、說雙語的，或只說西班牙語的。今日的馬雅宗教包含愈來愈多的信仰和習俗，多半來自天主教、新教和傳統民間信仰。儘管其文化配置是如此的多樣化，我們仍然可以有意義地談論著二十一世紀的馬雅世界／馬雅文明。

致謝

我們很感謝 Traci Ardren、Scott Doebler、Mary Kate Kelly、Maxime Lamoureux St-Hilaire、Edward Fischer 和 Katherine Godfrey 為初稿貢獻的意見和修正，也謝謝 Norman Hammond 和一位匿名讀者多方面及專業的想法。我們還要感謝書系編輯，優秀的 Nancy Toff，多虧有她的鼓勵、耐心和熟練的編輯。感謝賓州大學各位系主任和院長的支持，以及賓州大學二〇二歷史課（二〇一九年秋季）學生的回饋。

我們也要感謝過去數十年來一直友善地支持我們、為我們提供專業知識和指導的馬雅學者，他們為本書提供了卓越的貢獻，這些人包括（除了上述提過的）Gerardo Aldana、Victoria Bricker、Marcello Canuto、Mark Christensen、John Chuchiak、Wolfgang Gabbert、Elizabeth Graham、Ruth Gubler、Sarah Jackson、Rosemary Joyce、Jeff Kowalski、William Hanks、Stephen Houston、Susan Kepecs、Richard Leventhal、Victoria Lyall、Patricia McAnany、Mary Miller、Sergio Quezada、Terry Rugeley、Andrew Scherer、Mark Van Stone、Paul

Sullivan、Jorge Victoria Ojeda、David Webster、Lorraine Williams-Beck、Jason Yaeger 和 Marc Zender。

參考資料

除了無數的專業書籍和文章，我們發現以下六本書特別有幫助：

- Norman Hammond, *The Maya* (London: Folio Society, 2000；亦可從其他出版社取得更早的版本 *Ancient Maya Civilization*)
- David Webster, *The Fall of the Ancient Maya: Solving the Mystery of the Maya Collapse* (London: Thames & Hudson, 2002)
- Arthur Demarest, *Ancient Maya: The Rise and Fall of a Rainforest Civilization* (Cambridge: Cambridge University Press, 2004)
- Stephen Houston and Takeshi Inomata, *The Classic Maya* (Cambridge: Cambridge University Press, 2009)
- Mary Ellen Miller and Megan E. O'Neil, *Maya Art and Architecture* (New York: Thames & Hudson, 2012)

- Michael D. Coe and Stephen Houston, *The Maya*, 9th ed. (New York: Thames & Hudson, 2015; 初版由 Coe 於 1966 年發行。由於馬雅研究進展得相當迅速，我們不推薦早期的版本）

在第一章裡引用的「更深層的現實」，出自於 Houston 和 Inomata, *The Classic Maya*, xiii。我們在第二章關於帕連克蒸汽浴的討論，取材自 Stephen D. Houston, "Symbolic Sweatbaths of the Maya: Architectural Meaning in the Cross Group at Palenque, Mexico," *Latin American Antiquity* 7, no.2 (1996): 132-51；關於米拉多爾的取材自 Richard Hansen 所發表的各文章和書籍，關於亞須奇蘭—彼德拉斯．內格拉斯突衝的取材自與 Andrew Scherer（他和 Charles Golden 是該領域的主要研究學者，以 Houston 等人的早期作品為基礎）的對話和他的研討會論文；亦請參考 Zach Zorich, "Defending a Jungle Kingdom," *Archaeology* (September/October 2011): 34-38 (Scherer Quote, 38).

在第四章裡，我們改述 Stephen D. Houston, Oswaldo Chinchilla Mazariegos 和 David Stuart 的 *The Decipherment of Ancient Maya Writing* (Norman: University of Oklahoma Press, 2001) ("ever devised," 3)，以及 Miller 和 O'Neil 在 *Maya Art and Architecture* 裡的幾個段落。在第五章裡，我們再次仰賴 Houston 的作品，包括 *The Gifted Passage: Young Men in Classic Maya Art and Text* (New Haven, CT: Yale University Press, 2018)；和 Scott R. Hutson, *The Ancient Urban Maya: Neighborhoods Inequality, and Built Form* (Gainesville: University Press of Florida, 2016)，以及 Demarest, *Ancient Maya*，尤其是第六章（例如「真實祕密」的引用）。

關於第六和第七章裡十六到十九世紀的涵蓋範圍，我們借助的是以下的推薦讀物和我們自己的研究，尤其是 Matthew Restall 的 *The Maya World: Yucatec Culture and Society, 1550-1850* (Stanford, CA: Stanford University Press, 1997); *The Black Middle: Africans, Mayas, and Spaniards in Colonial Yucatan* (Stanford, CA: Stanford University Press, 2009)；和 Mark Z. Christensen, *Return to Ixil: Maya*

Society in an Eighteenth-Century Yucatec Town (Boulder: University Press of Colorado, 2019)；以及 Amara Solari 的 *Maya Ideologies of the Sacred: The Transfiguration of Space in Colonial Yucatan* (Austin: University of Texas Press, 2013) 和 *Idolizing Mary: Maya-Catholic Icons in Yucatan, Mexico* (University Park: Pennsylvania State University Press, 2019)。

第七章的參考文獻包括 Demarest, *Ancient Maya*，尤其是第三章（「瘋狂愚妄」就是他的措辭，34）；Webster, *The Fall*; Lovell, *A Beauty That Hurts*; Garrett Fagan, ed. *Archaeological Fantasies: How Pseudoarchaeology Misrepresents the Past and Misleads the Public* (Abingdon-on-Thames, UK: Routledge, 2006)；和 Matthew Restall and Amara Solari, *2012 and the End of the World: The Western Roots of the Maya Apocalypse* (Lanham, MD: Rowman & Littlefield, 2011)。第六章提到的美國歷史學家（「頑固的」等等）是 Robert Chamberlain。「離鄉背景的選項」考古學者是 Houston 和 Inomata。「馬雅知識復興」是 Victor Montejo 所創造和定義的

詞彙（出現於各種出版品中）。「混雜形式」那一段改述自 Edward F. Fischer 和 Peter Benson, *Broccoli & Desire: Global Connections and Maya Struggles in Postwar Guatemala* (Stanford, CA: Stanford University Press, 2006), 153-54（Fischer 較大的作品也很有幫助）。

延伸閱讀

經由概述古馬雅，我們在「參考文獻」裡推薦六本書，尤其是用 Coe 和 Houston、Demarest、Hammond 的作品做略讀，透過 Webster、Houston 和 Inomata 的作品去了解古典期，以 Miller 和 O’Neil 的作品去了解藝術。不過，還有許多其他的書，有些和我們所借助的書寫得一樣好、一樣新、一樣有幫助。另外，也有許多相關的百科全書，我們推薦：

- Carrasco, Davíd. *The Oxford Encyclopedia of Mesoamerican Cultures*. Oxford: Oxford University Press, 2001.
- Evans, Susan Toby, and David Webster, eds. *Archaeology of Ancient Mexico and Central America*. New York: Garland, 2001.
- Witschey, Walter R. T. *Encyclopedia of the Ancient Maya*. Lanham, MD: Rowman & Littlefield, 2016.

關於馬雅象形文字及其破解的歷史，最好的綜述讀物是：

- Coe, Michael D. *Breaking the Maya Code*. Rev. ed. London: Thames & Hudson, 1999.
- Houston, Stephen D., Oswaldo Chinchilla Mazariegos, and David Stuart. *The Decipherment of Ancient Maya Writing*. Norman: University of Oklahoma Press, 2001.

關於馬雅文字和藝術，最有魅力的導論是：

- Stone, Andrea, and Marc Zender, *Reading Maya Art: A Hieroglyphic Guide to Ancient Maya Painting and Sculpture* (London: Thames & Hudson, 2011).

馬雅藝術方面的文獻多不勝數，以下是值得倚重的精選：

- Doyle, James. *Architecture and the Origins of Preclassic Maya Politics*. Cambridge: Cambridge University Press, 2017.
- Halpern, Christina T. *Maya Figurines: Intersections between State and Household*. Austin: University of Texas Press, 2014.
- Houston, Stephen. *The Life Within: Classic Maya and the Matter of Permanence*. New Haven, CT: Yale University Press, 2014.
- Miller, Mary, and Claudia Brittenham. *The Spectacle of the Late Maya Court: Reflections on the Murals of Bonampak*. Austin: University of Texas Press, 2013.

若要了解古馬雅世界裡的性別議題，我們推薦：

- Joyce, Rosemary A. *Gender and Power in Prehispanic Mesoamerica*. Austin: University of Texas Press, 2000.

想知道更多關於第六章所討論的托爾特克與馬雅的關係，我們推薦：

- Kowalski, Jeff Karl, and Cynthia Kristan-Graham, eds. *Twin Tollans: Chichén Itzá, Tula, and the Epiclassic to Early Postclassic Mesoamerican World*. Washington, DC: Dumbarton Oaks Research Library and Collection, 2011.

關於瑪雅君主政體，請參考：

- Martin, Simon, and Nikolai Grube. Rev. ed. *Chronicles of the Maya Kings and Queens*. London: Thames & Hudson, 2008.

關於城市，請參考：

- Hutson, Scott R. *The Ancient Urban Maya: Neighborhoods, Inequality, and Built Form*. Gainesville: University Press of Florida, 2016.

關於掠奪，請參考：

- Tremain, Cara G., and Donna Yates, eds. *The Market for Mesoamerica: Reflections on the Sale of Pre-Columbian Antiquities*. Gainesville: University Press of Florida, 2019.

關於征服、殖民主義和現代民族國家等時期的西班牙侵略，我們推薦的深入閱讀是：

- Clendinnen, Inga. *Ambivalent Conquests: Maya and Spaniard in Yucatan, 1517-1570*. 1987. 2nd ed., Cambridge: Cambridge University Press, 2003.
- Grandin, Greg. *The Blood of Guatemala: A History of Race and Nation*. Durham, NC: Duke University Press, 2000.
- Jones, Grant D. *The Conquest of the Last Maya Kingdom*. Stanford, CA: Stanford University Press, 1998.
- Lovell, W. George. *A Beauty That Hurts: Life and Death in Guatemala*. 4th ed. Toronto: Between the Lines, 2019.
- Lovell, W. George, Christopher Lutz, and Wendy Kramer. *Strike Fear in the Land: Pedro de Alvarado and the Conquest of Guatemala, 1524-1541*. Norman: University of Oklahoma Press, 2020.

- Patch, Robert W. *Maya Revolt and Revolution in the Eighteenth Century*. Armonk, NY: M. E. Sharpe, 2002.
- Restall, Matthew. *Maya Conquistador*. Boston Beacon Press, 1998.
- Restall, Matthew, and Florine Asselbergs. *Invading Guatemala: Spanish, Nahua, and Maya Accounts of the Conquest Wars*. University Park: Pennsylvania State University Press, 2008.
- Sullivan, Paul. *Xuxub Must Die: The Lost Histories of a Murder on the Yucatan*. Pittsburgh, PA: University of Pittsburgh Press, 2004.

自接觸期後的馬雅歷史，其學術文獻甚至比古馬雅的更大量。雖然後者很顯然只關注於馬雅，但殖民期和近代的研究，其焦點往往不距焦在馬雅上面。

國家圖書館出版品預行編目(CIP)資料

馬雅：被誤解的中美洲文明 / 馬修．雷斯特爾（Matthew Restall）、阿瑪拉．索拉里（Amara Solari）著；張家瑞譯 . -- 初版 . -- 臺北市：日出出版：大雁文化事業股份有限公司發行 , 2022.10
面； 公分
譯自 : The Maya: A Very Short Introduction
ISBN 978-626-7044-79-7(平裝)
1. 馬雅文化 2. 文明史 3. 中美洲
754.3　　111015621

馬雅：被誤解的中美洲文明

The Maya: A Very Short Introduction

作　　者 馬修．雷斯特爾 Matthew Restall、阿瑪拉．索拉里 Amara Solari
審　　訂 馬雅人
譯　　者 張家瑞
責任編輯 王辰元
封面設計 萬勝安
內頁排版 藍天圖物宣字社
發 行 人 蘇拾平
總 編 輯 蘇拾平
副總編輯 王辰元
資深主編 夏于翔
主　　編 李明瑾
業　　務 王綬晨、邱紹溢
行　　銷 曾曉玲
出　　版 日出出版
地址：台北市復興北路 333 號 11 樓之 4
電話（02）27182001　傳真：（02）27181258
發　　行 大雁文化事業股份有限公司
地址：台北市復興北路 333 號 11 樓之 4
電話（02）27182001　傳真：（02）27181258
讀者服務信箱 andbooks@andbooks.com.tw
劃撥帳號：19983379 戶名：大雁文化事業股份有限公司
初版一刷 2022 年 10 月
定　　價 320 元

ISBN 978-626-7044-79-7